Para

com votos de paz.

/ /

DIVALDO FRANCO
Pelo Espírito AMÉLIA RODRIGUES

HÁ FLORES NO CAMINHO

EDITORA LEAL

Salvador
9. ed. - 2023

COPYRIGHT © (1983)
CENTRO ESPÍRITA CAMINHO DA REDENÇÃO
Rua Jayme Vieira Lima, 104
Pau da Lima, Salvador, BA.
CEP 412350-000
SITE: https://mansaodocaminho.com.br
EDIÇÃO: 9. ed. (2ª reimpressão) – 2023
TIRAGEM: 1.000 exemplares (milheiro: 38.500)
COORDENAÇÃO EDITORIAL
Lívia Maria C. Sousa

REVISÃO
Iana Vaz • Manoelita Rocha
CAPA
Cláudio Urpia
MONTAGEM DE CAPA
Eduardo Lopez
EDITORAÇÃO ELETRÔNICA
Eduardo Lopez
COEDIÇÃO E PUBLICAÇÃO
Instituto Beneficente Boa Nova

PRODUÇÃO GRÁFICA
LIVRARIA ESPÍRITA ALVORADA EDITORA – LEAL
E-mail: editora.leal@cecr.com.br

DISTRIBUIÇÃO
INSTITUTO BENEFICENTE BOA NOVA
Av. Porto Ferreira, 1031, Parque Iracema. CEP 15809-020
Catanduva-SP.
Contatos: (17) 3531-4444 | (17) 99777-7413 (WhatsApp)
E-mail: boanova@boanova.net
Vendas on-line: https://www.livrarialeal.com.br

Dados Internacionais de Catalogação na Publicação (CIP)
(Catalogação na fonte)
BIBLIOTECA JOANNA DE ÂNGELIS

F825   FRANCO, Divaldo Pereira. (1927)

       Há flores no caminho. 9. ed. / Pelo Espírito Amélia Rodrigues [psicografado por] Divaldo Pereira Franco. Salvador: LEAL, 2023.
160 p.
ISBN: 978-85-8266-113-0

1. Espiritismo 2. Psicografia 3. Jesus 4. Evangelho
I. Franco, Divaldo II. Título

CDD: 133.93

Bibliotecária responsável: Maria Suely de Castro Martins – CRB-5/509

DIREITOS RESERVADOS: todos os direitos de reprodução, cópia, comunicação ao público e exploração econômica desta obra estão reservados, única e exclusivamente, para o Centro Espírita Caminho da Redenção. Proibida a sua reprodução parcial ou total, por qualquer meio, sem expressa autorização, nos termos da Lei 9.610/98.
Impresso no Brasil | Presita en Brazilo

Sumário

Há Flores no Caminho	7
Autenticidade histórica do Evangelho	11
1. A eterna primavera porvindoura	17
2. A perene luz	23
3. Jesus no comando	29
4. Jesus e paciência	35
5. Jesus e maternidade	39
6. Por amor a Jesus	43
7. Suaves advertências	49
8. A superior justiça	55
9. Socorro e curiosidade	59
10. A lição da paciência	65
11. A insuperável lição da humildade	71
12. A severa litania	75
13. Ricos de avareza	81
14. Simão: fraqueza e força	85
15. Pastor e porta	91
16. Resistência contra o mal	97
17. O condutor autêntico	103
18. O rebanho e o pastor	109
19. Comunhão pelo amor	115
20. No longe dos tempos	121
21. Primavera em pleno inverno	127
22. Em soledade... com Deus	135
23. Isto é lá contigo	141
24. Amanhecer da ressurreição	147
25. Em Atenas, a indiferença	153

HÁ FLORES NO CAMINHO

O homem conturbado dos nossos dias, embora desfrute de comodidades, padece de hipertrofia dos sentimentos, sonhando com o Cosmo e ensanguentando o solo por onde deambula.

As nações que se fazem solidárias umas com as outras, quando vitimadas por cataclismos sísmicos e tragédias inesperadas, não trepidam em fomentar guerras lastimáveis de destruição irracional, em que dizimam povos, arruínam cidades e economias, derruindo-se também...

A prepotência arma a audácia e o pavor campeia no mundo moderno.

Procurando evadir-se da triste realidade terrena em que a civilização malogrou, desde quando a ética e a moral sucumbiram, soterradas sob as próprias ruínas, que foram produzidas pelo descalabro da cultura e a volúpia dos prazeres dos sentidos exacerbados, a criatura tenta encontrar sinais de destruição nos astros que se alinham, sem dar-se conta de ser ela própria a autora das inomináveis calamidades que varrem o planeta em todas as direções.

Os gabinetes de pesquisas extraordinárias multiplicam-se e os engenhos enxameiam nas fábricas, enquanto robôs admi-

ravelmente equipados são colocados à disposição das indústrias, substituindo os homens, que vagueiam nas vielas escuras do desemprego, a um passo da rampa da alienação.

A supervalorização da inteligência tem produzido o esfriamento da solidariedade, enquanto as ruas do mundo se abarrotam de jovens desvairados, que se reúnem em magotes, à espreita, esfaimados de pão, de paz, de amor, prontos para a hecatombe, cujo caldo de cultura fermenta...

Dois mil anos de Cristianismo e tão parca messe de luz!...

Vinte séculos de sementes abençoadas e insignificante sega de fraternidade!...

Contrastando com os pântanos que a tecnologia transformou em searas ricas e os desertos que se tornaram pomares, multiplicam-se os jardins que se fazem áridos e os trigais que são vencidos pelo sarçal.

As estradas da esperança jazem ao abandono e as rotas da solidariedade permanecem esquecidas.

A Boa-nova de Jesus, neste momento grave, é a segura diretriz, a solução para todos os problemas do instante que se vive.

O homem sem Deus, que penetra na fissão nuclear, faz-se deus do horror e é ameaça à vida, numa antevisão apocalíptica de destruição sem par.

Não obstante as aflições, as apreensões existentes na consciência humana, quase generalizadas, a mensagem do Cristo permanece viva, e obreiros do seu Evangelho levantam-se para proclamar a hora chegada, o amanhã melhor.

Nem todos enxergam a beleza que já reponta na Terra sofrida.

Há flores no caminho, aguardando os homens que estejam dispostos a vencer as distâncias emocionais e espirituais que os separam, a conquistar os espaços morais!

O convite é o mesmo que ontem Ele nos fez e agora nos chega sob óptica nova, profunda, compatível com a época em que nos encontramos.

Decisivo, é penetrante; atual, é libertador.

Não dá margem a equívocos, nem faculta evasões.

Responsabiliza e dignifica uma abrangência de amor capaz de sensibilizar o caráter mais refratário e o sentimento mais empedernido.

Hoje é o dia e agora o momento de decidir, de optar: Cristo ou César!

❀

Comentando acontecimentos daquele tempo em que Ele esteve na Terra, colocamos problemas da atualidade em versão evangélica, de modo a facultar enfoques modernos próprios para as necessidades vigentes.

Não têm sabor de novidade, nem poderiam ter.

A palavra de Jesus é sempre atual, com o mesmo tom de libertação, sem margem de interpretação dúbia.

Nossa cooperação insignificante no empreendimento da construção do mundo novo objetiva participar da obra, de alguma forma, com as flores do caminho por onde avançam os servidores decididos.

Esperando haver feito o melhor ao alcance – e quem faz o que pode, produziu o máximo –, suplico ao Jardineiro Infatigável que a todos nos abençoe, envolvendo-nos em paz.

Amélia Rodrigues
Salvador, 10 de junho de 1982.

AUTENTICIDADE HISTÓRICA DO EVANGELHO

Resíduos da negação sistemática ressumam periodicamente, apontando absurdos e discrepâncias entre os narradores do Evangelho, em vãs tentativas de negar-lhe autenticidade, quando não criticam o seu valor e o seu conteúdo que nos são credores de respeito.

Todavia, nas diferenças dos comentários realizados por quatro personalidades diversas e temperamentos próprios, em épocas diferentes, o Evangelho é um todo harmônico, que não deixa margem a quaisquer descréditos.

Enfocado por pessoas que viveram aqueles dias, a riqueza de detalhes em torno dos homens e da terra, dos hábitos e das conjunturas políticas são de uma irretorquível autenticidade, quanto de relativamente fácil comprovação.

As considerações sobre o solo árido, a escassez de água, as tricas e conflitos farisaicos, os costumes e ritos religiosos são de uma fidelidade histórica que supera a dúvida mais sistemática e a gratuita hostilidade a Jesus e a Sua vida.

Acontecimentos e paisagens geográficas são retratados com mestria e tranquila legitimidade, de tal forma verdadeiros, que se encontram vivos, ainda hoje, na historiografia do povo hebreu.

Detalhes do dia a dia, às margens do mar, e preocupações em torno da fé, na sinagoga, comentários irrelevantes ou graves da boca do povo ou registros de conversações nas altas rodas da sociedade da época transparecem e se apresentam na linguagem dos comentaristas dos sucessos que mudaram o curso da História...

Citações botânicas e apontamentos da vida dos profissionais surgem na limpidez das parábolas, com sabor de verdade – verdadeiras que eram as ocorrências – demonstrando que aqueles homens e mulheres não se encontravam alienados no tempo e no espaço ou que foram os dados compilados por visionários e sonhadores que desejaram compor o Homem e Sua vida, com carismas que permitissem a fuga das consciências para aspirações espirituais ante o fracasso das suas realidades materiais...

Aventam-se hipóteses psicanalíticas que pretendem tornar Jesus um biótipo fantástico, para compensar, no inconsciente das massas, em alegria e ventura, o que lhes pesa em miséria e sofrimento.

Não obstante, o Seu chamado não alcança apenas os frustrados e falidos do mundo, senão quantos se detêm a examinar-lhe a excelência de conteúdo que sobrenada nos Seus ensinos, únicos, aliás, capazes de sustentar o homem moderno combalido, que se fez vítima de si mesmo e se encontra vencido pela tecnologia avançada, que não logrou torná-lo mais feliz, nem mais tranquilo, apesar de a alguns haver conseguido propor comodidades e conforto...

Israel era, então, uma ilha de monoteísmo, num convulsionado oceano de culturas politeístas.

Com aproximadamente *20.600 km²*, desempenhou na história da Humanidade um dos papéis mais relevantes de todos os tempos.

Vinculado a uma legislação austera que vigiava e conduzia, mediante estatutos graves, os menores movimentos e comportamentos humanos; esperava um messias para a suprema governança física e econômica da raça sobre o mundo submetido aos seus pés.

Jesus foi a antítese do sonho hebreu da época.

Não reformulou, porém, a lei; antes, submeteu-se-lhe, acrescentando o amor como capítulo essencial, sem o qual a impiedade sobrevoa o cadáver dos vencidos que lhe tombam nas malhas apertadas e bem urdidas.

Seus sermões são proferidos para o Seu tempo e todos os tempos, tão oportunos hoje quanto o foram ao serem enunciados.

Suas ações – por muitos consideradas milagres que violentariam as leis naturais, e por outros como falsas, por impossíveis de comprovadas – recebem o aval dos fatos modernos, das doutrinas que estudam e comprovam a paranormalidade humana, em momentosos eventos que abrem perspectivas mais amplas para a compreensão da vida, que extrapola os limites do berço e do túmulo, antecipando aquele e superando este...

Sua visão profética, carregada de emoção e piedade torna-se evidente nestes dias, quando os acontecimentos a confirmam em toda a inteireza, a ponto de poder-se prever o que virá em face do que está sucedendo.

Habilmente caracterizado, cada Evangelho, segundo a óptica de quem o escreve, ou porque ouvido por quem participou daquele período breve, que se fez longo; ou porque vividas as experiências conforme Mateus e João, as excelentes testemunhas, passa de um para o outro um fio que interliga as quatro histórias e exala o mesmo odor de beleza e esperança num só conteúdo de amor e paz.

É certo que não foram escritos conforme se encontram hoje.

Das anotações e fragmentos encontrados, tomaram corpo, na apresentação dos Evangelhos Sinópticos, que são os de Mateus, Marcos e Lucas, em face do seu paralelismo, que lhes faculta ser colocados em três colunas "visíveis ao mesmo tempo." Escritos entre os anos 60 a 70 aproximadamente.

Mais ou menos transcorridos quase trinta anos surge o de João, coroando os anteriores.

Não se trata de uma narração por quatro diferentes escritores, mas uma Revelação revolucionária que nos propõe a transformação íntima, tendo por base o ser "mais perfeito" que jamais esteve na terra, nosso "Modelo e Guia".

Ainda se conserva o texto de Marcos, que é o mais antigo, conforme as anotações iniciais.

Tudo indica que o texto de Mateus, primitivamente, foi escrito em aramaico, antes de Marcos fazê-lo, após o que, o redigiu em grego.

Lucas, porém, escreveu em grego castiço, desde o início, os apontamentos que lhe chegaram por Paulo, dando uma ordem lógica e clara aos fatos e comentários, aos discursos do Mestre. Possivelmente ouviu Maria narrando a infância do Filho.

O Evangelho de João, igualmente redigido em grego, também é chamado espiritual, merecendo de Orígenes, o pai da Igreja do Século III, o seguinte comentário: "– Ousamos proclamar que a flor de todas as escrituras é o Evangelho dado por João; não lhe pode perceber o sentido quem não tenha repousado no coração de Jesus ou não tenha recebido, de Jesus, Maria como Mãe!".

Os narradores mostram-nos, sem alarde, as duas naturezas de Jesus.

Convive com os homens, demonstra as necessidades humanas, participa das atividades de carpinteiro, mas também é o Filho de Deus, que interfere nos problemas humanos e nos seus destinos. Basta um movimento, uma palavra para que se modifiquem as estruturas das coisas e as vidas...

Exalta as pequenas coisas, adornando-as de poesia e vive a grandeza do Cosmo, que não pode desvelar aos que O seguem.

O Evangelho, em razão disso, é um caminho que leva Àquele que se fez o caminho...

Objetivando atingir áreas humanas e culturas diferentes, escritos para atender a finalidades específicas, completando o trabalho apostólico oral, a fim de que vencessem os séculos, não perderam a homogeneidade nem o equilíbrio, que os tornam a mais perfeita explicação de uma saga incomum e impoluta, qual é a vida de Jesus.

Cada pensamento que foi exteriorizado pelo Mestre, breve e profundo, consoante a técnica linguística da época, própria para a memorização, passou de boca a ouvido e deste a outras vozes, até que, grafado, se tornasse uma luz inapagável que libertaria os tempos das sombras que o homem gerasse para si mesmo...

❀

Recompilar e repetir os "ditos do Senhor", dando aos atuais problemas as Suas soluções, são tarefas que nos cumpre a todos realizar, a benefício próprio.

Muito escrita, a Sua é a História mais repetida da história dos tempos, no entanto, nova e fascinante na rapidez com que passaram os Seus breves anos, naquela região que percor-

reu a pé de um para o outro lado, sob Sol escaldante ou frio cortante, com um magote de homens toscos que Ele trabalhou, deles fazendo, pela renúncia e sacrifícios de que deram testemunhos, os argonautas dos dias modernos.

Nunca houve um poeta simples e profundo como Jesus.

Jamais surgiu um sábio eloquente e nobre qual Jesus.

Não se repetirão os Seus feitos, conforme Ele os realizou.

Seu amor abrangente, através dos séculos, convocou desde Saulo que O hostilizava a Agostinho que O desprezou, de Francisco de Assis que queria o gozo a Tereza D'Ávila que ambicionava uma vida normal e um lar, de São João da Cruz a Albert Schweitzer, de Gandhi que O conheceu de passagem a Martin Luther King Jr., que O amou na pessoa dos seus irmãos estigmatizados pelo preconceito racial, em razão da cor da epiderme...

Jesus ontem, Jesus hoje, Jesus sempre a "rocha dos séculos" e a paz da vida.

1

A ETERNA PRIMAVERA
PORVINDOURA

Cada quadra do tempo caracteriza-se por expressões inconfundíveis da própria Natureza.

Sucede uma à outra, suavemente, e atinge o seu clímax numa plenitude de força e domínio de realização.

Nesta, caem as folhas, esmaece a vida, desnuda-se a paisagem; nestoutra, o frio enregela, as cores alvejam e há tristeza, assinalando dores e sombras de noites demoradas...

Depois, os rios voltam a correr, exulta o verde, a terra se enriquece de flores e os frutos amadurecem pendentes nos ramos oscilantes ao vento.

Os grãos se intumescem no solo levemente aquecido e explodem em poemas de cor, em sons agitados, em dádivas de vida abundante.

Revoam os pássaros, ampliam-se os dias, e as noites, salpicadas de círios divinos, são espetáculos convidando à reflexão.

O vale confraterniza com os altiplanos.

Parece não haver distâncias nem separações.

Por fim, quando esta época estival logra a total potência, arde o Sol e o solo se resseca, o pó se ergue em nuvem, a vida novamente começa a fenecer...

O dia é um todo de fogo preparando-se, ao largo das horas demoradas, para seguir adiante, até receber as primeiras lufadas frias...

E repete-se a roda dos acontecimentos em movimentada orquestração de ritmos...

❃

Ventos festivos varriam os rincões gentis da Galileia humilde, cantando esperanças para as almas em sofrimento.

Passado o grande inverno, sem nenhuma promessa de calor ou qualquer perspectiva de claridade, explodiam as dádivas primaveris numa inesperada sementeira de amor com imediata colheita de bênçãos.

Narra Mateus[1] com eloquência aquela ímpar quadra primaveril de acontecimentos e bonanças.

A paisagem é a moldura do lago-espelho, em cujas bordas reflete-se o amor do Mestre pelas dores humanas.

Naquelas paragens, nas cidades fronteiras e ribeirinhas, em cujo solo a balsamina confraterniza com os miosótis e o trigo dourado espia da terra jovial as redes espreguiçadas ao Sol, nas praias largas, Jesus viveu a ternura das gentes simples, sorriu com as criancinhas e abriu a boca para entoar a canção da esperança.

Por aqueles sítios de pobreza e festa natural, Suas mãos arrancaram das aflitivas conjunturas das enfermidades retificadoras os trânsfugas do passado, emulando-os para o crescimento moral pelas trilhas do futuro.

Fez-se um suceder de fenômenos auspiciosos.

Ainda repercutiam com profunda emoção nos ouvidos das almas os artigos e parágrafos em luz e esperança, que

---

[1] Mateus, 8 e 9 (nota da autora espiritual).

foram apresentados no monte, ao ser proclamado o Estatuto da Era Nova da Humanidade do futuro.

Os ouvintes não haviam retornado ao chão das necessidades habituais, irrigados pela vibração do Sublime Governador, quando Ele, descendo do cerro, foi solicitado por um leproso, que O adorava, dizendo:

– *Senhor, se quiseres, bem podes tornar-me limpo*, e Ele quis, liberando o enfermo da sua carga pútrida.

A ação fortalecia a palavra.

O amor era mais forte do que a voz; esta era suave e doce, enquanto aquele, poderoso e vital.

O passado jugula o criminoso à algema disciplinadora, mas o amor libera o precito para resgatar em ação benéfica o delito infeliz.

Não deseja o Senhor holocaustos, entretanto, esparze misericórdia.

Há muita dureza no mundo e terrível crueza nos corações.

Ele dulcifica.

Ninguém foge à culpa, nem se evade do ressarcimento.

O Seu amor anima os ferreteados a que se reencontrem e reparem os erros, ajudando suas vítimas e por elas fazendo-se amar.

Há expectativas atordoantes nos comensais da Boa-nova em delineamento.

O monte seria, simbolicamente, o mastro da bandeira de paz, desfraldada nas insuperáveis bem-aventuranças.

Em Cafarnaum, prosseguindo com os elos da cadeia do sofrimento que Ele rompe, um centurião acerca-se e intercede pelo seu criado paralítico.

Uma confiança infantil numa seriedade adulta transparece naquele homem que comanda homens.

Jesus propõe-se a ir curar o enfermo, porém o homem, que se acostumou à autoridade, pede-Lhe que mande um dos seus subordinados e a Sua vontade se faria.

Assim se fez.

Um ordena, o outro obedece.

Um quer, o outro aquiesce.

Jesus é a autoridade e os Espíritos atendem.

Não há maior autoridade do que aquela que lhe é própria, a que foi adquirida e não a que é concedida por empréstimo e pode ser retirada.

A fé é energia de vital importância, por irradiar vibrações poderosas que atingem os fulcros das nascentes que produzem os acontecimentos, aí agindo.

– *Vai-te* – disse o Amigo ao amigo confiante –, *e como creste, assim te seja feito.*

Curou-se o servo do centurião.

No lar de Simão, onde Ele se recolhe por um pouco, a febre arde na velha sogra do pescador, que se aflige.

Tocando-a, restitui-lhe o equilíbrio térmico.

Irradia-se a inapagável Luz dos Séculos.

Nunca mais a noite se fará total...

À tarde, chegam os obsidiados por Espíritos infelizes, suas vítimas, seus cobradores.

O ódio grimpa os duelistas da animosidade.

Não há separação entre *mortos e vivos*, unidos pelos vínculos dos sentimentos afins ou dos compromissos a que se atrelam no carro da vida.

Sua palavra é medicação que atinge as ulcerações morais e as cicatriza.

Ampara o cobrador, antes ultrajado, e auxilia-o a ser feliz, informando que o calceta não fugirá de si mesmo.

Um deseja segui-lO, pensando em gozos e comodidades.

Como Ele não tem uma pedra para pôr a cabeça, apesar de "as raposas terem covis e as aves do céu ninhos", o candidato, desiludido, foi-se embora...

Outro pretende dar-se; todavia, quer antes enterrar o pai cadaverizado.

Não há tempo para simulações.

A vida transcende ao corpo.

E ele não se deu...

O lago-mar sereno exalta-se, e todos, na barca, temem; menos Ele, que dorme ou parece dormir...

Ante o receio geral, Sua voz acalma as ondas e os encarregados das "forças vivas da Natureza" tranquilizam as águas.

Nada supera o Rabi, no mundo de Deus, que Ele elaborou sob a proteção do Pai.

Prosseguirá o ministério, naquelas e noutras paragens...

Paralíticos, endemoninhados, cegos, catalépticos, hemorroíssa, mudo por ação obsessiva, por toda parte a dor, as provações cedem lugar ao pagamento pelo trabalho do amor.

Eram todos, ontem como hoje, doentes da alma e desejavam a cura para os corpos.

O Mestre fazia cessar os efeitos dos seus erros, sarando a matéria, entretanto, oferecia-lhes a diretriz evangélica, a verdadeira terapia para o Espírito, única medicação para eliminar os sofrimentos.

O Amor de Deus refletido em Jesus não tem limite.

Prosseguirá a música da esperança a substituir a litania da loucura e da miséria...

A responsabilidade do resgate sobrepõe-se à cobrança cega.

O homem desperta para os compromissos.

Os remotos tempos entenderão, e melhor farão entender o Mestre e Sua mensagem.

Somente pelo amor se libertará o homem.

Os pecadores são o campo para a semente de vida eterna, e os caídos, sem alternativa de soerguimento, fazem-se adubo para a própria recuperação ante a oportunidade feliz do Evangelho.

Nenhum amor renteará com esse imensurável amor.

Aquele período primaveril não se repetiu, nem volverá a acontecer da mesma forma.

As sementes, todavia, dormem no solo da quadra outonal em que as almas se demoram, para emergirem logo mais, em embrião, reflorindo ao claro Sol da Era Nova da eterna primavera que já começa...

2

A PERENE LUZ

A luz é o fulcro donde emergem o calor e a vida; ao mesmo tempo, é o centro para onde convergem as atenções e os interesses de todos.

Os insetos, atraídos pela sua claridade, aturdem-se, e se a chama está crepitante, nela ardem, dominados pela sua pujança e vigor.

Mariposas acercam-se da flama tremeluzente e nela perecem.

Outros animais e o homem, fixados no seu fulgor, encadeiam-se, perdem o rumo...

Todavia, é a luz que aponta e aclara os caminhos.

Fruí-la com respeito, beneficiando-se com as suas dádivas, sem precipitar-se nela, traduz sabedoria na utilização dos seus recursos.

Incendiar-se por dentro, vivendo-a no calor do ideal superior que ela representa, é deixar-se atingir sem consumir-se...

Jesus é a grande e perene Luz que veio às sombras dos caminhos humanos para que jamais voltasse a predominar a treva.

Sua trajetória fez-se assinalar pela inapagável claridade que prossegue iluminando os séculos.

Quantos se encontravam enregelados pelos sentimentos negativos, ou abandonados ao frio da indiferença social, n'Ele encontraram, e ainda hoje encontram, o calor para a restauração das forças.

Os sofredores de todo porte buscavam-nO, e O procuram ainda agora, para aquecer-se no Seu convívio.

O crime, porém, que urde desgraças; a astúcia, que se mancomuna com a injustiça, tecendo redes perigosas; a suspeita sistemática, que conspira contra a paz; o orgulho, que degenera os sentimentos nobres; a mesquinhez, que perturba; o egoísmo gerador das torpezas morais – não aceitam a claridade, que lhes desmancha as articulações perniciosas; e, por isso, descontentes, investem de rijo, usando os seus meios tenebrosos para apagá-la ou destruir seu núcleo gerador.

Jesus não passou incólume a tais artimanhas.

Ninguém transitará sem sofrer-lhes a sanha malfazeja.

Perseguem, picados pela inveja venenosa, e arremessam-se contra, dispostos a tudo.

Porque labutando às escondidas, sem escrúpulos, usam qualquer arma, e quando vêm para defrontar a vítima, já minaram o solo, à socapa, pressupondo vitória; ou desesperados, sem receio de perder-se, arrojam-se contra, desde que ponham abaixo quem ou o que, arbitrariamente, se propuseram destruir.

Todos os lutadores das elevadas aspirações provaram-lhes o ferrete em brasa, a perseguição gratuita, conhecendo-lhes a tenacidade.

Tudo observam através das lentes escuras dos seus sentimentos amarfanhados.

Recusam-se à concórdia, em cujo campo encontram-se desvalorizados, e, não raro, preferem a perda à rendição fraternal...

O Mestre os defrontou vezes sem conta.

Fariseus e saduceus, atados à vilania das posições enganosas, tentaram perturbá-lO durante todo o ministério.

Dominadores que se enganam, aos outros iludindo, investiram com armas em riste contra a aparente fragilidade d'Ele e odeiam-nO, porque não O puderam vencer nem fugir da Sua irresistível atração...

E Ele, claridade viva, prosseguiu vencendo, etapa a etapa, nos sórdidos lugares onde se homiziam os famanazes da treva infeliz.

Não somente corporificado nos homens está o adversário vil.

Ei-lo fora da jaula carnal, em grupos de *chacais* emocionais, procurando vítimas que lhes padeçam a sanha.

Os endividados morais que fugiram das leis, nas vidas anteriores, mas não se evadiram da Grande Lei, tornam-se-lhes vítimas preferidas.

Usaram-nas para tentar prejudicar o apostolado sublime do Mestre, audaciosamente supondo perturbá-lO.

A força da Luz Divina presente no Rabi, a irradiar-se soberana, afastou-os, desarmou-os, submeteu-os.

Individualmente, petulantes e prepotentes, ou coletivamente, em legiões, chegaram e foram repelidos.

Jesus é Paz!

Quantos se Lhe acercam, transformam-se, harmonizando-se.

Se fogem, volverão, pois que nunca mais perderão a impregnação do Seu amor.

Conhecendo o ontem dos Espíritos, o Senhor penetrava na causa matriz das suas aflições e sabia como atenuá-la, propiciando novos rumos fora da dor para a recuperação moral de cada um.

Eis por que, a esse desimpede os membros hirtos na paralisia; àquele abre os olhos fechados; a esse limpa as ulcerações; àqueloutro desamarra dos liames obsessivos; a um restitui som aos ouvidos moucos; a outro devolve a voz...

O Seu amor não tem limite.

Narra Mateus[2] que, ao espocar das Suas mercês, quando as multidões buscavam socorro para as suas mazelas, trouxeram-Lhe *um mudo endemoninhado*.

A obsessão ultriz que o homem padecia, afetava-lhe "o centro da palavra", anulando a sua capacidade de falar.

Nas fronteiras além das vibrações físicas agridem-se, desforçam-se, algoz de ontem, vítima de hoje, em luta feroz.

A autoridade do Mestre interfere no duelo sem palavras.

Alivia o perseguidor, intuindo-lhe que o endividado não prosseguirá sem justiça, não lhe cabendo, no entanto, fazê-la, a fim de não incidir em erro mais grave.

Libera a vítima atual, concedendo-lhe, na lucidez e no verbo, oportunidade de reabilitação.

O homem recuperou-se e o entusiasmo se fez geral, num hino de louvor e lágrimas.

A treva humana, porém, despeitada e vítima da própria insipiência, alardeia pela boca farisaica:

– *É pelo príncipe dos demônios que Ele expele os demônios.*

---

[2] Mateus, 9: 32 a 34 (nota da autora espiritual).

Mesmo ante a evidência do fato, a má-fé encontra argumentação.

Como se socorre da sombra, apela para as suas expressões.

Porque se sente impura, acredita na força da impureza.

Desde que convive com astúcias e ardis aceita a hipótese da existência do *príncipe* do mal, em razão de sintonizar com o mal que nela mesma predomina.

Jesus não lhe disse nada, nem se fazia necessário dizer.

Saiu a irradiar a soberana luz do amor e da esperança, que até hoje fulge, dominadora, no acume da montanha das humanas dificuldades, apontando rumos...

3

JESUS NO COMANDO

As confabulações íntimas entre Jesus e os discípulos, quando terminavam as exaustivas tarefas diuturnas, ofereciam campo aos companheiros tímidos, que não logravam compreender a dimensão da sublime empresa da Boa-nova, para que se aclarassem questões nebulosas e mais se aprofundassem no entendimento do ministério recém-abraçado.

Surpreendidos pela eloquência ímpar da palavra do Mestre, por mais reflexionassem, deixavam-se dominar por interrogações sucessivas, ao mesmo tempo intentando mergulhar nas reminiscências trazidas do Mundo Espiritual, quando se haviam preparado para o apostolado libertador.

Não obstante, envoltos pelo escafandro material, sentiam-se aturdidos em face dos conceitos audaciosos e especiais que lhes eram apresentados, sem alcançarem o sentido exato nem a total extensão da revolução patrocinada por Jesus...

Vivendo o mundo do corpo no mundo das paixões, imantados às circunstâncias algo ingratas, era-lhes difícil abstrair das lições evangélicas as conotações humanas da sociedade em que se encontravam engajados.

Por isto, permitia-lhes o Senhor os largos colóquios, a convivência íntima aclaradora de todas as dificuldades que lhes pairavam nos painéis do discernimento.

Eram aqueles os momentos da perfeita identificação, em que as almas se abriam ao aroma recendente do Rabi em termos de amor e de liberdade.

A alocução do Mestre sobre o perdão surpreendera Pedro, ante a complexidade da benevolência que nos devemos uns para com os outros, a ponto da necessidade de perdoarmos sempre e sem cessar...

Os companheiros tiveram reações diferentes, cada um de acordo com a própria estrutura temperamental...

O perdão indistinto colhia-os, inesperadamente, desde que, habituados à dureza do Mosaísmo, defrontavam o problema da íntima dulcificação, como consequência à compreensão das faltas alheias.

As horas que se seguiram foram preenchidas pelas reflexões, mesmo depois que o poviléu se espalhou, retornando aos deveres habituais.

Assim, quando o Amigo se apresentava em meditação na casa generosa em que se acolhia, João, o jovem discípulo, acercou-se; e, sem mais delongas, expôs ao Divino Benfeitor as inquietações que o perturbavam.

Narrou as dificuldades que sentia para perdoar totalmente aos perseguidores e comentou a inevitável emoção de que se via possuído pela mágoa, quando ofendido.

Havia honestidade e interesse no aprendiz, desejoso de receber ajuda no problema que o aturdia.

Alongando as considerações referiu-se aos testemunhos que aguardavam o Senhor e o estado íntimo que o dominava desde já, em vista da saudade que o colhia por antecipação.

Havia uma dúlcida emoção que pairava no ar. O grande silêncio parecia sustentado por uma balada suave que se espraiava na voz da Natureza.

Nesse clima de ternura, o Mestre, sentindo a alma contrita e devotada do discípulo fiel, respondeu-lhe:

— *És jovem, e a juventude louçã é a quadra da força, da intemperança e da coragem, que não passa de precipitação... À medida que a vida premia a experiência com as dores e as conquistas do conhecimento, a razão sucede à impetuosidade e a harmonia ao tumulto perturbador. Não obstante, a idade juvenil é o período da ensementação, em que se prepara o porvir de cuja colheita ninguém se eximirá, cada um conforme o trato com a semeadura...*

Talvez, para permitir que João se deixasse penetrar pelo ensinamento, fez uma breve pausa, para logo aduzir:

— *A dificuldade em perdoar está na razão direta da profundidade do amor. Quando se ama desinteressadamente, pela empatia do próprio amor, o perdão surge como efeito natural, facultando a perfeita compreensão dos limites e das dificuldades do ser amado.*

Se o amor, no entanto, é destituído de ampla dimensão e repousa nas bases falsas dos interesses mesquinhos e subalternos, ou pelo deslumbramento transitório, mais difícil se faz a solidariedade pelo perdão aos ofensores.

Se não há um vínculo de afetividade, é claro que a revolta, que nasce do amor-próprio ferido, arme de animosidade a vítima, que tomba inerme na reação infeliz, esquecendo-se de que, por sua vez, um dia necessitará, também, de perdão...

No silêncio que se fez espontâneo, o aprendiz da "palavra de luz" percebeu a razão por que o amor é a alma da vida em todas as suas manifestações, donde defluem todas as conquistas do esforço moral e das realizações superiores.

Meditava no conteúdo da lição ouvida, quando o Mestre, pausadamente, prosseguiu:

— *Daqueles a quem amamos, jamais estaremos separados. O Filho do homem deverá marchar para o testemunho, comprovando a excelência do seu amor e sustentando a fraternidade entre aqueles que lhe são fiéis.*

O amor é um hálito vital, que se manifesta e mantém, mesmo quando a criatura não se dá conta. Assim é conosco. Estaremos unidos e identificados pelo ideal comum... Aqueles que me amam sentir-me-ão na presença do aflito e do necessitado, do velhinho desvalido e da criança em abandono, do enfermo em agonia e do desditoso em alucinação... Quantos lhes distendam as mãos gentis, a mim o farão, e ouvir-me-ão, ver-me-ão nos seus apelos e lamentos, nas suas aparências e desditas. Falar-lhes-ei e sustentá-los-ei com alento inusitado e entusiasmo profundo que os animarão ao prosseguimento do ministério até o nosso encontro final...

João tinha os olhos orvalhados. Estranha emoção dominava-lhe as paisagens íntimas, dulcificando-lhe as ansiedades.

Nesse momento, Jesus concluiu a entrevista afetuosa, afirmando:

— *Onde dois ou três se reunirem em meu nome, eu estarei entre eles* — como a lecionar que no aconchego fraterno, na comunhão entre as criaturas, Ele se faria presente, sem que deixasse, no entanto, de estar também com os que O amam em soledade, os que O seguem em silêncio e testemunham-Lhe esse amor em sacrifício e renúncia...

Nos longes dos tempos, as expectativas delineavam o mundo melhor do amor e do perdão, da fraternidade com Jesus, comandando as consciências e as vidas.

4

JESUS E PACIÊNCIA

As opiniões desencontradas aturdiam os mais afervorados companheiros da Mensagem Renovadora. Comentava-se quanto à necessidade de a revolução cristã triunfar, derrubando a casa senhorial de César e distendendo suas forças por toda parte, tornando Israel a soberana, conforme os anúncios antigos.

Ferviam as paixões, entusiasmando os sentimentos e perturbando as mentes.

Em todo lugar pessoas que se criam credenciadas transformavam-se em informantes insensatos, gerando embaraços injustificáveis para o ministério do amor...

Enquanto a frivolidade desenfreada se encarregava de conduzir nimbos precursores de tempestades, o Rabi prosseguia impertérrito na ensementação da mensagem no solo dos corações.

Transitando pelas estradas ou nas praias formosas, entre crepúsculos ardentes e apaixonados, sua misericórdia distendia as mãos do auxílio e do esclarecimento sem que Ele se deixasse impressionar pelo tumulto em crescimento ameaçador.

A Galileia bucólica e simples fascinava-Lhe a alma sensível.

As pessoas modestas e afáveis cujos problemas se resumiam às questões da sobrevivência ofereciam ao Rabi a alegria de diminuir-lhes as preocupações.

A Judeia, no entanto, áspera e adusta se repletava de problemas e dificuldades entre as tricas farisaicas e as conjunturas infelizes da política insensata e avara.

Peregrinando pelas terras verdes dos galileus, Seu verbo iluminado cantara o Sermão da Montanha e as Suas lições se fizeram repassadas de meiguice quanto de esperança.

Ali levantara moribundos e mantivera viva a chama do amor no país dos sentimentos humildes, favorecendo-os com o alento em torno de um amanhã ditoso.

Todavia, na difícil região dos judeus, não obstante o Seu amor incansável, as ciladas armavam problemas e a astúcia elaborava sofismas com que se pretendia surpreendê-lO em algum equívoco diante dos dispositivos do Estatuto Legal...

Continuando fiel ao programa que o Pai Lhe traçara, Ele se fizera o apoio e a segurança dos fracos, a resistência dos tíbios, à medida que a Mensagem refulgia nas paisagens ermas que haviam tombado na descrença.

Após o atendimento da multidão sempre ávida e necessitada, enquanto a terra ardia, ao cair do velário da noite, certa vez Simão buscou-O inquieto, não ocultando as apreensões...

A "ressurreição" de Lázaro levantara os ânimos contra Ele e a promessa de que demoliria o Templo e o reergueria em três dias havia chocado os que buscavam motivo para a perseguição.

Em estado de espírito inquieto, o velho amigo acercou-se do Rabi sereno sob gentil pérgula arrebentada em flores e foi direto ao assunto:

— *Senhor, como proceder diante das ameaças que nos chegam, levando-nos a receios justificáveis quanto ao futuro do Evangelho?*

— *Tendo paciência, Simão* – respondeu tranquilo Jesus.

— *Devemos, então, aguardar a agressão, sem tomarmos qualquer iniciativa?* – voltou a inquirir o amigo.

— *Sim* – elucidou o Mestre. – *Edificando a paciência em nós mesmos, não nos cumpre assumir outra atitude senão aguardar. A paciência dar-nos-á inspiração e força para agir com discernimento e sem precipitação.*

— *Mas, Senhor* – arguiu o companheiro que demonstrava surda irritação –, *não seria lícito que se instalasse o* Reino de Deus *de imediato e a revolução que pregas tivesse início? Talvez, quando se tomem providências, seja tarde demais, não Te parece?*

Jesus fitou o céu de turquesa cravejado de círios estelares e sem perder a serenidade esclareceu:

— *Com paciência conseguiremos provar a excelência da nossa luta. Os lutadores do mundo são desesperados, passam em atroada ensurdecedora, destroem e ameaçam, semeando ódios e lutas sem qualquer razão. A paciência prova o homem e comprova-lhe os valores ante as vicissitudes que deve superar.*

— *Não duvido,* – anuiu o pescador, acrescentando – *parece-me que a resistência pacífica levar-nos-á à queda, destruindo as aspirações superiores que acalentamos. Como agir ante os que nos provocam ao combate urgente?*

— *Atuando com paciência.*

– *Se as circunstâncias nos parecem favoráveis e postergamos, não estaremos adiando indefinidamente o compromisso?*

Perpassavam pelos ares perfumados nos cenários formosos as bênçãos divinas, enquanto as onomatopeias murmuravam uma sinfonia acalentadora em derredor.

Relanceando o olhar pela noite em triunfo, o Rabi contestou:

– *O Sol incansável devora a noite cada manhã, enquanto ela, paciente, retorna, diminuindo o calor do dia, mil vezes, sem cansaço.*

– *Será lícito, então, não reagir nunca* – insistiu Pedro –, *mesmo que confortados pela razão, estejamos a ponto de não suportar mais?*

– *Sem dúvida, Pedro. A paciência harmoniza e reconforta, porquanto o Pai não tem pressa e prossegue trabalhando até hoje, enquanto eu também trabalho.*

Com paciência a agressão passa, a dificuldade muda de lugar, o problema se resolve, o sofrimento se transfere, as incompreensões se aclaram, as lutas se pacificam e o amor triunfa.

A paciência é bênção de Deus pelo caminho por onde avançamos.

Confiemos e esperemos. A paciência nos dará a palma da paz a benefício de nós mesmos.

Silenciou o Rabi, enquanto o "relógio do tempo" continuava a trajetória da Eternidade.

Dias após ter entrado em triunfo em Jerusalém, paciente, Ele provou o fel da traição, da amargura, da soledade, e, na Cruz, com paciência, alcançou a plenitude da vitória como Herói Invencível de todos os tempos, esperando por nós.

5

JESUS E MATERNIDADE

Relâmpago fulgurante em noite escura, a palavra do Mestre cindia a noite demorada que tombava sobre Israel, desde há cinco séculos.

O eco da Mensagem, doce e enérgica, se espraiava desde as planuras do Esdrelon até os altiplanos do Hermon...

Aqueles que Lhe escutavam o verbo renovavam-se e a nobre cantilena das Suas palavras prosseguia repercutindo no ádito das almas, sendo transferida de boca a ouvido, assinalando o início da comunicação elevada pelo impregnar do amor.

Aqueles dias, aquelas circunstâncias jamais se fariam repetir, e o conteúdo das Suas palavras nunca mais seria ouvido da forma como foi enunciado e vivido...

A multidão já se houvera dispersado, permanecendo as estrelas coruscantes, pontilhando o velário da noite com os seus focos reluzentes.

Sopravam as brisas trazidas pelas aragens do mar, amenizando a paisagem do dia que fora ardente...

As criaturas atendidas que haviam encontrado diretriz, trouxeram novos candidatos ao Amigo Divino, que não cessava de socorrê-los.

Após a estafante jornada das horas passadas, o Rabi afastou-se para uma parte solitária da praia e mergulhou em profundo cismar.

O silêncio, que se fazia interrompido pelas onomatopeias da Natureza, tornara-se moldura viva na qual a figura do Mestre se destacava, irradiando diamantina claridade.

Sem que fosse percebida, uma mulher acercou-se de Jesus, e, após fazer-se notar por Ele, desculpou-se da imprudência de perturbá-lO.

Sem mais delongas O interrogou:

— *Sei que tu vens de Deus e posso perceber-Te a grandeza que me fascina e emociona... Tenho sede de amor e me encontro corroída pela vérmina da animalidade. Tenho amado e não logrei a honra de fruir o amor. A vida, desde há muitos anos em que fui dilapidada nos meus sentimentos de mulher, nega-me o que venho procurando: a paz, que parece fugir de mim, onde quer que eu me encontre.*

— *Que fazer, Senhor, para viver a felicidade?*

Havia, na voz da estranha, notas características de melancolia e de sofrimento demorado que as palavras não conseguiam exteriorizar.

O Mestre relanceou o olhar transparente pela paisagem aureolada de paz e indagou-lhe por sua vez:

— *Que vês em derredor? Examina a terra arrebentando-se em flores, frutos e verdor; o rio cantante, enriquecendo as margens de vida; o húmus discreto, renovando o subsolo e os astros fulgurando ao longe... Em tudo, a ordem, o amor, a transparência da misericórdia do Pai, ensinando equilíbrio e vida.*

O que parece caos transforma-se em bênção, o que aparenta transtorno se converte em paz, porque em tudo vige a sabedoria do Criador.

Não relaciones dores nem apresentes mágoas.

Levanta o olhar para cima e avança para o futuro.

A criatura, surpreendida pela resposta amorosa, volveu à interrogação:

— *Compreendo, sim, a grandeza da Divina Criação, não obstante delinqui; e, do meu delito nasceu-me um filho, que no momento constitui-me motivo de inquietação e desespero...*

Sem permitir-lhe alongar-se, o Senhor prosseguiu imperturbável:

— *A mulher é sempre mãe.*

A relva que cresce sobre os escombros oculta as suas deformidades e disfarça as suas imperfeições, modificando a erma expressão dos destroços.

Abençoada pela maternidade, que é sempre dádiva do Pai honrando a vida, um filho, em qualquer circunstância, é uma estrela engastada na carne, com a oportunidade de espalhar claridade pelo caminho.

Enquanto houver crianças e mães na Terra, o Amor Divino estará cantando esperanças para a Humanidade.

Não há filho do pecado nem do delito, pois que todos eles são dádivas da vida à vida.

Esquece as circunstâncias da chegada do querubim que bate à porta do sentimento, e levanta-te com ele, avançando no rumo do infinito dos astros.

Uma imensa serenidade vestia a Natureza.

A mulher-mãe, emocionada, procurou os olhos de Jesus por entre a visão nublada de lágrimas e fundiu-se na luminosidade que deles fluía, dúlcida e pura.

Levantou-se em discreta reverência e preparou-se para sair.

Não saberia dizer se O ouviu falar ou se O escutou na acústica da alma.

— *Vai, filha, e ama.*

A maternidade é a mais elevada concessão de nosso Pai, demonstrando que o mal jamais triunfará no mundo, porque, enquanto houver um coração, um sentimento maternal na Terra, o amor ateará o fogo purificador e a esperança da felicidade jamais se fanará...

No longe do tempo, ecoariam os conceitos do Filho de Maria, a Mãe por Excelência, sustentando a mulher no ministério da maternidade por todo o sempre.

6
POR AMOR A JESUS

O dia fora estafante.

As atividades da *casa* tiveram início pela alva com a leva de enfermos que chegaram, suplicando ajuda, e terminaram noite adentro com alguns obsidiados que renteavam com a loucura e foram deixados à porta, ao relento...

Aquela era a quadra ardente do verão e a temperatura morna amolentava mesmo as resistências mais vigorosas.

Conhecida na cidade e nos arredores como o albergue do amor e o recinto da esperança, para a "Casa do Caminho" afluíam os desafortunados de todos os matizes.

Não obstante a escassez de cooperadores, as pessoas não tinham pejo em descarregar sobre os ombros cansados dos operários de Jesus todas as cruzes e problemas que encontravam, encaminhando-lhes os aflitos e necessitados em grupos que se sucediam como ondas contínuas do mar...

Sempre haverá esse comportamento entre os homens.

Os desobrigados com os compromissos da solidariedade encaminharão para os lidadores da ação extenuante novas contribuições de sofrimentos, indiferentes à angústia e ao cansaço dos que se empenham em minimizar a problemática humana.

Aquela temporada se assinalava pelas dores gerais: criancinhas órfãs e velhinhos desvalidos, enfermos e alienados de vário porte chegavam a cada hora, valendo-se dos recursos do amor, da caridade e da abnegação de Pedro, que jamais se escusava.

Somando penas aos trabalhos exaustivos sem repouso, medravam, aqui e ali, suspeitas infundadas, incompreensões injustificáveis se instalavam entre os poucos colaboradores do "velho pescador".

Não raro, o amigo dos infelizes sentia-se quase a sós para atender ao grande número de necessitados ali albergados e aos sucessivos grupos que diariamente rogavam apoio e recolhimento.

Este companheiro admoestava o discípulo, acusando-o de abuso da caridade; aquele o censurava às claras pelo tempo aplicado na assistência aos leprosos, que, segundo ele, deveriam ser liminarmente arrojados à morte, no "vale dos imundos", em Jerusalém; outros se queixavam da falta de oportunidade para os largos diálogos evangélicos porque Simão estava sempre a braços com os trabalhos cansativos; por fim, afirmavam diversos que a *casa* não sobreviveria naquelas condições, considerando a possibilidade de as autoridades do Sinédrio mandarem fechá-la, por albergar mulheres de vida equivocada, publicamente conhecidas...

Simão ouvia as insinuações malevas, as ingratidões e os sarcasmos indisfarçados em silêncio.

Alguns o tinham na conta de covarde e demonstravam conhecer-lhe a fraqueza das negações.

Pessoas amigas não ocultavam o desagrado ante a programação pesada que o companheiro de Jesus se impunha, convidando sem palavras os demais obreiros à dilatação das forças e da ação na caridade.

Era como se a inconsciência e a irresponsabilidade conspirassem contra o bem, na *casa* dedicada ao bem geral.

O apóstolo abnegado, todavia, não se deixava contaminar pelos vapores tóxicos da intriga nem das conversações malsãs.

À medida, porém, que o desgaste físico e mental lhe minava as forças, foi acolhendo, sem perceber, o vírus do desânimo.

Anotava, aqui e ali, mal-estar, e percebia-se imensamente saudoso da companhia do Mestre, que muito anelava por voltar a fruir.

❈

Quando se fez silêncio nos largos pavilhões humildes onde a dor encontrava lenitivo e as vozes do aturdimento obsessivo silenciaram, Simão assentou-se sob a sombra de vetusta figueira-brava esparramada pelo pátio interno da "Casa do Caminho" e recolheu-se em meditação e prece.

A noite agradável fizera-se um álbum natural de recordações.

O discípulo dedicado repassou mentalmente as cenas da sua convivência com Jesus desde o primeiro encontro até ao último contato...

Parecia-lhe que as evocações se corporificavam, concedendo-lhe nítidas lembranças que lhe orvalhavam os olhos reiteradas vezes.

Constatava, na saudade e na emoção, o quanto amava àquele Amigo!

É certo que Lhe daria a vida.

Não saberia explicar ainda o motivo da fraqueza que o martirizava...

Não saíra das últimas recordações em torno do momento da ascensão, quando viu Jesus, transparente e belo, à sua frente.

Desejou traduzir a felicidade daquela hora, explodindo de júbilos, mas o suave e tranquilo olhar do Amigo que o penetrou, dulcificou-o por dentro, harmonizando-o.

Passado o primeiro instante, e porque não desejasse malbaratar a oportunidade excepcional, Pedro recordou-se das últimas dificuldades experimentadas no trabalho e expô-las em breves palavras, concluindo entristecido:

— *Não são os estranhos, Senhor, a criarem-me impedimentos para o labor crescente, mas, os amigos, os cooperadores...*

E desejando dar maior ênfase aos problemas, arrematou:

— *Quando a perseguição vem de fora, dos que nos não conhecem, é mais fácil compreendê-los e desculpá-los, porém, quando decorre daqueles que vivem conosco e participam da nossa fé, do nosso ideal...*

Não conseguiu terminar a frase porque a voz ficou estrangulada na garganta túrgida.

O Senhor, compreendendo as lutas do discípulo querido, interrogou:

— *Pedro, que era o vaso delicado antes de tomar forma?*

— *Argila comum, Senhor* — respondeu, presto, o interlocutor.

— *E a estátua perfeita* — volveu o Mestre —, *antes do esforço e da dedicação do artista?*

— *Pedra bruta, Mestre* — apressou-se Simão em responder.

– Tens razão, amigo – aduziu Jesus. *– Sem o trabalho consciente nem a arte do oleiro, o vaso não se teria formado, permanecendo perdido no barro úmido... Não fossem a paciência e a habilidade do escultor, a estátua, que dormia na pedra grosseira, lá permaneceria sem qualquer beleza ou utilidade.*

Fazendo breve pausa, o Mestre prosseguiu:

– Os homens, à semelhança da argila sem forma ou pedra grosseira, aguardam que os cultores dos nobres ideais lhes plasmem beleza e forma, delicadeza e utilidade, vencendo as suas resistências a golpes de paciência, perseverança e fé, até que colimem os objetivos para os quais foram criados pelo Pai.

Relegá-los à própria ignorância seria condená-los à inutilidade. Cumpre-nos compreender-lhes a situação, o degrau em que estagiam no processo da evolução e ampará-los, mesmo que se neguem às nossas mãos plasmadoras de formas e cultivadoras de bênçãos.

Além disso, convém considerar que eles são hoje o que já foste ontem. O tempo e o Amor Divino cuidaram de ti, por intermédio de outros que te alcançaram, cabendo-te, agora, a tarefa de cuidar deles, a fim de que cheguem até onde te encontras...

Dando margem a que o ouvinte penetrasse o conteúdo profundo das suas palavras, o Senhor silenciou, para logo concluir:

– Se não exercitamos o amor e a caridade com aqueles com quem convivemos, como provaremos os próprios valores, quando chamados a tolerar e a suportar os que nos são desconhecidos?

Se não nos for possível perseverar com os que jazem no desânimo e nos dificultam a marcha, qual será o nosso com-

portamento em relação aos que se obstinam contra os nossos propósitos?

É necessário modificar a visão, diante dos corações e mentes enfermos que constituem os nossos amigos, que gostaríamos se encontrassem em outra situação evolutiva, portanto, de entendimento.

Auxiliemos, desse modo, aos ingratos ao nosso lado e aos difíceis para conosco, e treinar-nos-emos para os cometimentos mais graves, que nos aguardam no futuro, precedendo à nossa libertação gloriosa.

Calou-se o Sublime Benfeitor e diluiu-se na noite varrida por leve e perfumada brisa do vale próximo, salpicada de astros fulgurantes.

Simão Pedro compreendeu a mensagem oportuna, levantou-se e, a partir dali, jamais se permitiu desânimo ou queixa, compreendendo os companheiros da retaguarda da evolução; porém, cumprindo com o seu dever até o momento da sua crucificação de cabeça para baixo, em Roma, anos mais tarde, por integral amor a Jesus.

7

Suaves advertências

O mar imenso, emoldurado pelas áridas montanhas do lado oposto a Cafarnaum e pelas colinas recobertas de erva verdejante por onde escorrem os filetes das águas das chuvas que fertilizam o chão, reflete o azul infinitamente transparente.

Àqueles dias a música da esperança revela a grandeza da paz aos homens tumultuados e infelizes.

Em toda parte surgem graves controvérsias.

Murmuram uns, admirados ante a audácia d'Aquele pregador; emocionam-se outros, diante da Sua figura; surpreendem-se os demais, perante os Seus feitos.

A palavra de Jesus penetra e rasga os véus da ignorância, dividindo os tempos da criatura.[3]

O som do verbo produz uma branda luz interior que cresce de intensidade e jamais se apagará.

Ali foram realizados, na região da agradável e fresca Cafarnaum, os mais numerosos *milagres* que, não obstante produzirem choques, não lograram convencer a todos.

---

[3] Lucas, 6: 27 a 45 (nota da autora espiritual).

Sempre tem sido assim: os homens desejam ver, na expectativa de que aconteçam os fenômenos transcendentais e, quando ocorrem, atormentam-se pela dúvida, ante a consideração de que seriam impossíveis de ocorrer...

Deseja-se o pão e, após nutrir-se, rejeitam-no, empanturrados; quer-se a luz e, após clarear-se, desconsideram-na, porque se enceguecem; procura-se a verdade e, desde que ela opõe-se à ilusão, detestam-na.

A demorada imaturidade humana, através dos séculos, estarrece o pensador e o estudioso do comportamento da criatura.

A evidência, para quem não deseja crer, nada comprova; antes, pelo contrário, desagrada e magoa, armando o observador de irritação e agressividade, por ver-se vencido, mas não convencido.

Ainda são os piores, os "cegos que não querem ver"...

Desprezado pelo despeito dos Seus, em Nazaré, jamais Jesus tornará àquela cidade, que lhe é grata e amarga ao coração.

Desceu pelos longos caminhos serpenteantes entre as montanhas, atravessou o verde vale de Esdrelon e fixou-se na bucólica região do mar.

As gentes simples, não habituadas às tricas farisaicas, amantes da ternura e do trabalho, sensibilizavam-nO.

Poucas vezes admoestou aqueles galileus pobres e honrados.

A Sua mensagem era um poema de amor que Ele tangia no alaúde dos sentimentos, com as metáforas da gentileza e o ritmo da misericórdia.

Ante a impossibilidade de ser compreendido em toda a Sua grandeza, vestiu o verbo de parábolas e doou-o ao futuro, confiando na chegada do dia triunfal, quando todos penetrariam no reino da paz interior.

Não se equivocou o Mestre.

Para colimar o objetivo do Seu ministério, advertiu docemente, da colina onde o leque de luz das bem-aventuranças continuava aberto, adimensional.

A Lei de Amor, extraída do equilíbrio cósmico, elaborada pelo Pai e ínsita em a Natureza, deveria ser o rumo por onde todos seguiriam, regendo as suas vidas.

Alma da vida, permaneceria condutora dos sentimentos e ideais.

Todavia, quanto se sabia a respeito do amor constituía permuta de interesses e de paixões imediatistas.

Sua palavra reverteu a ordem ancestral como uma sinfonia cuja musicalidade arrebatadora exige concentração e segurança para ser vivida.

Era um violar dos antigos interesses para que o importante seja o próximo, o ideal torne-se o irmão.

Não foi diversa a Sua conduta.

Ele amou até o sacrifício total da própria vida, sob as exulcerações mais cruéis que se deixou sofrer.

Não obstante, fazia-se necessário concluir as diretrizes básicas.

❁

Ao sopé do monte estava Cafarnaum beijada pelas águas, ora tranquilas do mar.

– *Cuidado quando vos louvarem os homens, porque assim agiram em relação aos falsos profetas.*

Sempre a mentira abonará a hipocrisia e a bajulação adornará o engodo.

Os que sintonizam na mesma faixa da mesquinhez reconhecem-se e apoiam-se.

Quando o homem, na vivência dos ideais de enobrecimento não é compreendido, inclusive pelos que participam dos labores na mesma grei, não se deve entristecer, antes alegrar-se; porque ainda é escasso o terreno para a autenticidade, para o valor moral enobrecido, para a autodoação.

– *Os pecadores amam e doam aos pecadores, emprestam a fim de receberem outro tanto.*

Ajudam-se, pensando em manter-se e sobreviver nos dédalos sombrios ou brilhantes que os acolhem, aturdidos e complicados.

O *Filho da Luz* é desvestido de trajes complexos; e, desataviado, é real, sem subterfúgios, entre todos e não igual a eles.

Todavia, faz-se necessário cuidado para não ser confundido, nem confundir-se a si próprio.

– *Pode um cego, porventura, guiar outro cego? Não cairão ambos no barranco?*

Certamente, só alguém que vê tem condições de conduzir outro que não enxerga ou ainda não sabe discernir.

A verdade é clara, no entanto, aparece muitas vezes discreta, ressuma das fórmulas e dos ritos, ascende dos vales morais onde foi arrojada...

A orientação é sábia e prossegue:

– *O discípulo não é mais do que seu mestre; mas todo discípulo, quando for bem instruído, será como o seu mestre.*

Naturalmente que o aprendizado prepara, mas só a experiência dá sabedoria.

Há falsos mestres e fátuos discípulos.

O melhor ensino faz-se pelo conhecimento e mediante a vivência; a melhor aprendizagem, pelo estudo e por meio do exercício.

Mestre e aluno completam-se.

Conclui a palavra superior, após cuidados e considerações entretecidos, orientando:

– *O homem bom, do bom tesouro do seu coração, tira o bem; o homem mau, do mau tesouro do seu coração tira o mal, porque a sua boca fala de que está cheio o seu coração.*

As aragens perpassam na amplidão da colina verde...

Música inaudível quase, murmura uma doce *cantata*.

O Sol dourado permanece vitorioso no *carro do Dia*.

A cordilheira defronte, qual guardiã de pedra da paisagem onde Ele amou, apoia os seus acumes nas bases esparramadas.

– *Há que ouvir-se para sempre o verbo divino.*

Repeti-lo-ão de boca em boca, de página em página, de século em século.

Nunca mais será ouvido como então.

O futuro falará d'Ele e os homens, após mil vicissitudes, cansados e exauridos, sem roteiro nem mais esperança, amá-lO-ão por fim pelo tempo de todos os tempos...

8

A SUPERIOR JUSTIÇA

As duas faces das paixões humanas ali se configuravam, inconfundíveis: a violência, na sua agressividade infrene, ululante, destruidora; e a fuga, açodada pela fraqueza moral, batendo em retirada, sem dignidade.

A praça enorme, ensolarada, estava deserta.

O Sol dardejante se encontrava em triunfo.

Há pouco, agitava-se a mole quase assassina, sedenta de sangue, transferindo para uma vítima inerme as próprias debilidades e frustrações.

Não poucas vezes, a agressão resulta de um processo psicológico de transferência da culpa íntima, que se vê refletida noutrem, naquele que, em erro, caiu nas armadilhas do conhecimento público.

Não se sentindo encorajado de rechaçar as imperfeições, lapidando as arestas grosseiras da personalidade enferma, o agressor descarrega no próximo toda a vergonha que o aturde, a imensa insânia em que estertora.

Fora a ocorrência, há pouco sucedida.

O vozerio cedera lugar ao silêncio, quase incômodo; a fúria caíra diluindo-se em modorra, em afastamento discreto...

Daquele lado, se apedrejavam as adúlteras, lapidando-as pelo crime a que foram levadas por fatores mui variados...

❊

No entanto, a voz serena e grave do estranho fulminara os agressores.

Nem sempre vige a pureza nos atos das criaturas, mas a aparência puritana tem neles primazia.

Aos seus ouvidos ecoavam as blasfêmias; no corpo cansado as bofetadas e os primeiros golpes sofridos agora doíam.

Pessoa alguma lhe parecia conhecer os dramas íntimos, as úlceras purulentas em que se dilacerava...

– *Ninguém te condenou?* – Ele interrogara, triste e profundo. – *Nem eu tampouco te condeno...*

Ela, então, reflexionava emocionada.

Depois de sentir-Lhe a compaixão e ouvir-Lhe a voz, uma fulminante transformação ocorria no seu mundo interior.

– *Donde O conhecia?* – inquiriu-se. – *Ele não seria o esperado, Aquele que mudaria a dureza da Lei, substituindo-a pela benevolência da recuperação?*

Passeando a memória pelas cenas de há pouco, reviu o esposo, espumejante, na fragilidade da sua suprema ignorância ofendida.

Ele jamais lhe indagara das lágrimas que tragava, salgadas, em silêncio.

Não se deixando escusar do delito, sabia que tombara por lhe faltarem os valores para a resistência.

Não caíra, no entanto, a sós.

O esposo, soberbo, nunca lhe brindara ternura. Egoísta, jamais se recordara de aquecê-la com a solidariedade e o amor. Transitava ao seu lado, mais escrava do que companheira, enquanto lhe eram negados entendimento e amizade...

Em soledade, deixou-se sonhar, embriagando-se sob o excesso de ilusão, até que tombou nas garras do sedutor venal!

Naquele instante recordou-se do falcão que a arrojara no abismo, despedaçando-lhe a alma.

Evocou as palavras ardentes e as promessas vãs com que ele a seduzira.

No báratro que se estabelecera – pensou, triste – no flagrante lavrado pela perfídia do próprio marido, descobriu-se mais a sós do que nunca...

Sequer esperou apoio; nem se atreveu a pedi-lo.

O ladrão da sua honra se evadira, amedrontado, deixando-a no aspérrimo testemunho...

Talvez, agora estivesse apoiando os quase lapidadores, no grupo dos que pugnam pela dignidade e são os fomentadores dos crimes.

Subitamente explodiu-lhe como um raio, na mente em febre, a frase imorredoura:

– *Não tornes a pecar!*

Assustou-se e espraiou o olhar pela praça ardente, em ouro solar.

Estava a sós, como sempre: de forma, porém, diversa, como nunca dantes.

Percebia que não fora condenada nem mesmo por Ele, mas compreendeu que também não fora absolvida.

Ele não a censurara ou punira, mas também não a inocentara.

O erro é sombra na luz de quem delínque.

A enfermidade representa distúrbio no equilíbrio do organismo que a carrega.

A mulher adúltera, emocionada, renascendo dos escombros, descobriu a magnitude da lição do Rabi: devia reparar o erro, a fim de quitar a dívida perante a própria e a *Consciência Divina*.

Levantar-se para ser feliz era o impositivo do momento.

Igualmente não lhe cumpria guardar ressentimento ou mágoa daqueles que, anatematizados, quiseram ferreteá-la em alucinado desforço homicida.

Não lhe cumpria condenar os seus julgadores precipitados, os furibundos justiceiros carentes de equilíbrio, de paz.

❦

Durante as *Festas dos Tabernáculos*, naquele outubro, descendo do Monte das Oliveiras, na direção da cidade, Jesus demonstrou a grandeza da Sua *mensagem*, a sabedoria do Seu Reino, a excelsa magnitude do Seu julgamento.

Ninguém que se encontre investido do direito de atirar pedras, malsinar, perseguir...

A Boa-nova, em plenitude de ação, instalava-se nos corações do futuro, desde então, em poemas de amor e perdão, de misericórdia e esperança, em superior justiça.

9

SOCORRO E CURIOSIDADE

As anêmonas espocando em cores fortes salpicavam de festa a Natureza, enquanto os miosótis, na gramínea verde, pontilhavam de azul a erva rasteira.

Os ventos perfumados venciam as distâncias, encrespando levemente as águas do Jordão sinuoso, a correr pelos areais frescos na embocadura do mar da Galileia.

A primavera cantarolava na Palestina, saudada pela orquestração das aves em bandos na copa do arvoredo.

Todas as coisas contribuíam para as auspiciosas Boas-novas que chegavam aos homens.

As notícias alargavam as dimensões dos acontecimentos e estreitavam as distâncias entre os homens.

As aldeias das regiões ribeirinhas agitavam-se, sacudidas pelas emoções contínuas dos sucessos de cada dia.

Ele apareceu, e era vida.

As enfermidades físicas desapareciam ante o Seu toque e a todos fascinava.

Suas palavras possuíam o encantamento de responder a perguntas não formuladas, que se diluíam ante a clareza de cada conceito.

Os Seus silêncios conseguiam aquietar as aflições, que não deviam ser afastadas.

Com a limpidez do olhar transparente identificava as mazelas humanas, sem amesquinhar os seus portadores.

Naqueles dias de suaves júbilos, ninguém adivinharia os acontecimentos porvindouros, que culminariam no sacrifício da cruz infamante!

Terminadas as azáfamas do cotidiano, era comum vê-lO cercado de pessoas humildes, que O crivavam de interrogações, sedentas de aprendizagem.

Homens e mulheres simples ignoravam as misérias das altas rodas sociais, mais preocupados com os problemas comezinhos, aqueles que mais os afetavam.

Entretanto, vez que outra, surgiam necessitados, sobrecarregados por fardos mais pesados, vítimas de enfermidades morais mais graves.

Numa das reuniões vespertinas, quase ao cair da noite, quando Ele se encontrava a sós, acercou-se uma mulher de distinta posição, que, respeitosamente, Lhe apresentou os conflitos que a inquietavam.

Requestada na comunidade, tinha acesso às autoridades religiosas e civis, desfrutando, ao lado de outras personagens, de favores especiais.

– *Senhor!* – disse gravemente. – *Tenho ouvido falar de Vós. Minhas servas participam das Vossas prédicas e narram-me os Vossos feitos. Venho acalentando o desejo de falar-Vos, sem a coragem para fazê-lo. Hoje, porém, não posso sopitar o anseio, a necessidade, e aqui me encontro.*

O Mestre olhou-a com brandura e docilidade.

Sentindo-se estimulada, a senhora prosseguiu:

– Vivo atormentada. As dúvidas sobre a Verdade me assaltam e padeço desassossegos que ninguém imagina. Não me encontro doente do corpo, senão da alma, e isto me parece injusto. Invejam-me e sou generosa; respeitam-me em público, mas detestam-me no íntimo; saúdam-me na rua e na Sinagoga, todavia, evitam-me...

Lágrimas de real sofrimento moral afloraram aos olhos da visitante, enquanto a voz se lhe embargou na garganta.

Com esforço, conseguiu concluir:

– Se Vós vindes de Deus e conheceis os males do coração, ajudai-me!

Jesus compreendeu a dor surda que lhe solapava a aparência, e, sem qualquer afetação, respondeu:

– Sim, Raquel, eu sei.

Citada nominalmente, a mulher surpreendeu-se, indagando de pronto:

– Conheceis-me, Senhor? De onde?

Sem titubeio, o Amigo esclareceu:

– Eu te conheço desde antes deste momento. Eu sou o bom pastor e a todas as ovelhas que o Pai me confiou, eu as identifico no ádito do coração. Não te surpreendas, portanto, por falar-te assim.

Quem me busca, procura meu Pai; aquele que me encontra, a meu Pai compreende, saindo da noite para o dia e da morte para a vida. Não perece, porque não se acaba, transferindo-se de um para outro estado, porém, continuando na Vida.

Fazendo uma pausa breve, continuou:

– Há muitos males do coração que afetam a alma.

A ambição desmedida leva à loucura.

É fugaz a estada no corpo, e, almejar além do que se pode utilizar, significa avançar para a alienação.

A ambição cobiça o alheio e envenena, facultando a invasão de cruéis verdugos, na casa mental.

A calúnia é punhal invisível que retalha vidas e ceifa o caluniador.

A inveja é pedrada psíquica que fere o próximo e arrebenta quem a atira.

A indiferença, a seu turno, mata os sentimentos e se irradia como humor mefítico.

Só o amor pode propiciar a paz e fomentar a saúde íntima.

É necessário, portanto, ser livre.

Todo poder, na Terra, é dado pelo Pai, que o transfere de mãos, exceto aquele que nasce do bem e aumenta sempre.

Se desejas a afeição dos outros, ama primeiro, repartindo os teus bens excedentes com os que possuem menos, observando que a melhor maneira de aumentar os valores amoedados será dividindo-os, em considerando que todo aquele que doa investe e quem guarda, deve à vida.

Ante a tentação da calúnia, provocada pela inveja, coloca a palavra de estímulo e de respeito, exercitando a amizade fraternal, a caminho da real afeição.

Houve um silêncio, que se fez natural.

Sentindo-se desnudada, mas não censurada, a interlocutora, em pranto, rogou:

– Amparai-me na minha incredulidade e fraqueza!

O Mestre, condoído, ripostou, bondoso:

– Vai, Raquel, e começa. A transformação tem início no desejo íntimo e concretiza-se na ação renovadora.

Tropeçarás várias vezes, quase vencida pelo desânimo. Sofrerás o hábito antigo, que se negará a ceder... No entanto, insistindo e orando, conseguirás o êxito que te coroará o esforço. Sê fiel e não receies.

A consulente ergueu-se e saiu embalada por uma canção nova que lhe musicava a alma.

Os discípulos, que estavam afastados, vendo-a retirar-se, aproximaram-se, curiosos, e um deles indagou:

— *Mestre, qual o problema dela, rica e invejada por todos?*

O Rabi relanceou o olhar pelos companheiros inexperientes e respondeu:

— *O Reino dos Céus está reservado aos que ajudam sem interrogações e atendem ao próximo sem lhe sindicar das mazelas e fraquezas que o afligem.*

A curiosidade malsã, injustificável, oferece elementos para males que podem ser evitados.

Calando-se, mergulhou na magia da noite branda e fresca, refulgente de astros.

10
A LIÇÃO DA PACIÊNCIA

A noite estava coalhada de astros. O plenilúnio fazia-se acompanhar de suave brisa que perpassava em a Natureza, encrespando levemente as ondas do mar gentil da Galileia. Tudo era uma elegante moldura para a tela luminescente da própria noite.

Como de hábito, o Rabi assentou-se defronte do mar e, perdendo-se na contemplação da tela viva, abstraiu-se do ambiente pelo milagre da meditação profunda...

Os discípulos acercaram-se tocados pelo magnetismo do Senhor e, à Sua volta, deixaram-se inebriar pela dúlcida harmonia que d'Ele se irradiava.

Já se iniciavam as primeiras dificuldades no ministério da Boa-nova.

As primeiras cartas vivas, que se faziam endereçadas às criaturas, sofriam a agressão da pusilanimidade e do preconceito.

A violência e o despeito armavam os corações, gerando dificuldades e produzindo receios.

Do entusiasmo inicial, os companheiros desarmados para as lutas mais árduas começaram a denunciar cansaço e a somar aflições.

Esperavam que o *Mensageiro* os libertasse de problemas e dores, não aguardando maior somatório de sofrimentos.

Afinal, a figura do Rabi infundia-lhes ânimo e os encorajava ao empreendimento.

Receavam, no entanto, aqueles estranhos embates, que se delineavam sob o açodar da violência.

Feridos nos interesses imediatistas e combatidos nas paixões inferiores, os comensais da inércia e da exploração expelem a vasa pestífera da animosidade gratuita, que disfarçam sob os vernizes da sociabilidade e da aparência.

Facilmente mudam o comportamento, quando estão em jogo as intrincadas ilusões da posse e do destaque humano a que se agarram com avidez e desesperação.

Sem a crença na sobrevivência da alma, fruem até a exaustão os valores alucinantes da fantasia, receosos de que o túmulo tudo devore e aniquile.

Por isso, insurgiam-se contra a mensagem libertadora.

Ante a impossibilidade de investirem contra a *Mensagem*, insurgiam-se, depredadores, contra os mensageiros.

Respiravam-se, portanto, os primeiros receios e, à socapa, as ameaças levantavam-se contra os companheiros simples e desataviados que O acompanhavam.

Tendo em vista a situação, André, utilizando-se de um momento próprio em que o Mestre pareceu retornar das *Regiões Excelsas*, expôs, inquieto, a razão das suas expectativas:

– *Mestre* – arguiu com gentileza –, *como proceder com aqueles que erguem apodos injustos e calúnias contra nós, somente porque nos desejam afastar do campo a que se atribuem propriedade?*

– *Com paciência, André* – redarguiu o Divino Companheiro. – *A paciência demonstra a nobreza dos nossos sentimentos e testemunha a elevação dos nossos propósitos.*

– *Se eles se levantam a agredir-nos* – volveu o amigo, sinceramente magoado – *e movimentam recursos para impedir-nos o trabalho correto?*

– *Pacientemente* – insistiu o Generoso Guia. – *A paciência consegue demover dos propósitos inferiores aqueles que nos examinam através das lentes escuras dos óculos da má vontade.*

– *No entanto* – volveu o discípulo, revelando na voz os sintomas da emoção –, *como suportar a ironia e o descaso daqueles cujas falhas conhecemos, mas se atrevem a ferir-nos com cinismo indisfarçável?*

– *Persistindo na paciência* – contrapôs Jesus, otimista. – *A paciência é efeito natural do respeito que nos devemos uns aos outros, compreendendo que aqueles que não concordam conosco têm o direito de ajuizar-nos conforme a sua capacidade, e não mediante os propósitos que abraçamos.*

E porque o colaborador devotado voltasse à carga, revelando desânimo e acrimônia, sob o apoio quase geral dos demais cooperadores, que experimentavam os espículos da malícia que se generalizava e das dificuldades que repontavam, o meigo Benfeitor espraiou o olhar pelo velário da noite estrelada e branda, e, num momento de abrangência misericordiosa, adiu:

– *O Reino dos Céus começa no imo de cada coração. As claridades que aí acendemos não visam a iluminar senão aqueles que as carregam edificados pela esperança.*

Quanto mais se lhe ampliam as dimensões do esclarecimento libertador, melhor compreendem os limites e a estreiteza dos que ainda vagueiam na ignorância.

A escuridão é somente pobreza da visão de quem observa as sombras.

O olhar que se amplia, sem deter-se nos detalhes, abarca a amplidão, mas não retém a beleza da paisagem, na riqueza de cromos e de cores.

Não estamos no mundo para mutilar nem para afligir.

Elegemos o ministério para amar e servir, mediante cuja programação lograremos, com paciência, modificar-nos a fim de melhorarmos a visão e o entendimento dos outros.

Por mais alguém se apresse, rogando à semente resposta da plântula, somente através do tempo e da paciência contemplará o pequeno vegetal a enriquecer-se de força a caminho da produção.

A paciência é a lenificadora do sofrimento, irmã da esperança e companheira ideal da fé.

Relanceando o olhar pelo semblante cansado dos discípulos atentos; e, desejando fixar indelevelmente nos seus corações e mentes a lição da paciência, arrematou:

– O homem, convidado à gleba áspera do serviço, que se não propõe a joeirar o solo adusto, removendo os pedregulhos, adubando a aridez e irrigando o chão duro, jamais terá garantida a felicidade da ensementação.

Aqui, insiste na lavoura; ali, persevera na manutenção das mudas; mais adiante, revitaliza a terra.

Se esta vai vencida por catástrofes e pragas, repete a experiência, até que a vida responda em flores de primavera e dádivas de alegria o sacrifício e a paciência da espera.

Há flores no caminho

A colheita, porém, propicia tal júbilo que todas as expectativas e ansiedades, sob a bênção da paciência, parecem haver-se constituído em verdadeira lição de felicidade.

Quando se calou, os companheiros, tocados pelo Seu verbo lúcido, entreolharam-se em silêncio e compreenderam que, se o amor é a base da vida, a paciência constitui uma das mais belas das suas expressões a enflorescer os corações.

11

A INSUPERÁVEL LIÇÃO DA HUMILDADE

O entardecer, em ruborizada coloração além dos montes, refletindo o leque em luz de ouro sobre a placidez transparente do lago, foi o cenário no qual se apresentou a mensagem de esperança e renovação.

Havia murmúrios no ar e expectativas diversas.

Espraiando-se as notícias em alvíssaras de singular beleza, os Espíritos simples se embalavam embevecidos, nas visões prenunciadoras dos tempos porvindouros.

Acostumados à monotonia dos quefazeres quotidianos, o poviléu e os modestos trabalhadores do mar e das vinhas foram colhidos pelas abençoadas informações do *Reino de Deus.*

Israel esperava pela tradição o Rei que lhe restituísse o poder e a dominação arbitrária sobre os outros povos.

O orgulho da raça em bafiosa ambição esperava recuperar as glórias terrenas e transitórias do passado.

Mais de quatro séculos de profecias silenciadas pareciam, agora, quebrados, ante a voz do Messias que atendia os cultos, deslumbrando os pobres e ignorantes.

Sucediam-se os comentários desencontrados e as exageradas apreciações.

Nunca se escutaria igual àquela outra qualquer voz...

A autoridade n'Ele se confundia à meiguice e a sabedoria se exteriorizava sem atavios. Sua presença infundia respeito e granjeava afeição.

A modesta e colorida Cafarnaum fora aquinhoada com os ensinos e dentre os que O seguiam, na íntima condição de amigos, muitos eram daquelas bandas frescas e formosas, de todos conhecidos, tornados importantes, até invejados, de um para outro momento, desde que foram escolhidos...

Que Reino, afinal, seria o d'Ele? – interrogavam-se todos, entre curiosos e interessados. A verdade é que Ele se dizia Embaixador de Deus – o Filho de Deus! –, em missão de reunir as ovelhas ante o Seu cajado!...

Confundiam-se anseios e curiosidades.

As pequenas rodas de ouvintes alongavam-se em comentários demorados, terminadas Suas explanações.

Nesse clima de dubiedades e expectação, naquela tarde, enquanto se fizera uma pausa natural, no encontro de costume entre amigos, a astuta Salomé, orgulhosa e dedicada mãe, acercou-se, traindo, na face, a angustiosa indagação que Lhe desejava propor.[4]

Como o momento se fizesse próprio, a esposa de Zebedeu, sem delongas ou circunlóquios, foi direto ao assunto:

– *Senhor, desejaria que ao triunfar a Tua luta, quando for instalado o Reino, coloques os meus dois filhos, um à Tua direita e outro à Tua esquerda.*

Sem dar-se conta da grave solicitação, exultava antevendo o futuro radioso e feliz porque anelava. Nem

---

[4] Mateus, 20: 20 a 27 (nota da autora espiritual).

sequer percebeu a expressão de amargura e espanto desenhada nos rostos marcados dos membros do *Colégio* reunidos pelos vínculos do amor...

O Mestre, que penetrava o ádito dos corações e conhecia as paisagens íntimas das almas, compreendendo o zeloso carinho da genitora apressada, obtemperou:

— *Estarão eles dispostos a beber da minha taça de amargura?*

À interrogação direta e ante o olhar percuciente encaminhado aos candidatos, estes, comovidos, redarguiram a uma só voz:

— *Estamos dispostos a sorver todo o conteúdo da Tua taça da amargura.*

Havia sincera honestidade na resposta clara e decidida. Jesus, conhecendo os meandros complexos da alma humana e os mecanismos das Leis Soberanas, sem entusiasmo, esclareceu:

— *É certo que bebereis da minha taça; quanto, porém, a vos sentardes ao meu lado, ao Pai compete determiná-lo, não a mim...*

A resposta concisa e sem qualquer rodeio não encontrou receptividade na família Zebedeu.

Os discípulos, porém, tomados de ira, investiram com olhares furibundos e expressões agressivas contra os dois ambiciosos candidatos.

Como o momento se fizesse grave, o Senhor, lúcido e calmo, lecionando humildade, condição essencial para a vitória no Seu Reino, propôs, sintético:

— *Quem desejar ser o primeiro, seja o escravo, o servo do último!...*

❈

A noite tombou em crepe negro salpicado de estrelas cintilantes.

Os últimos revérberos do poente continuavam a distância, coroando as corcovas das montanhas altaneiras, longes...

Um dia aqueles amigos, por enquanto desatentos, compreenderiam o profundo significado da lição.

❖

Os reinos humanos se erguem sobre as bases da dominação odienta e ruem, transformando-se em escombros...

Os impérios terrenos se levantam sobre os solos onde cadáveres insepultos os transformam em pântanos, nos quais se afundam depois...

As civilizações grandiosas, erigidas e comandadas pelos punhos da guerra e do orgulho, construções de um dia, passam, convertendo-se em ruínas tristes e ermas, logo depois...

Os povos se levantam e sucumbem no voraz perpassar dos séculos e dos milênios...

O *Reino de Deus*, que vem sendo erguido na mente do homem com os alicerces nas terras dos corações, jamais passará...

Seu povo se identificará pelo amor e suas características serão a mansidão, a concórdia e a cordura.

É certo que ainda há muito equívoco a tal respeito.

Muitas Salomés e candidatos sem número aspiram a posições, lugares e brilho...

O tempo, todavia, na soberana tranquilidade de ensinar e corrigir lentamente, cuidará de fixar em cada ser que o primeiro será sempre aquele que se fizer o servidor do último.

Até esse momento a insuperável lição da humildade acenará para todos, chamando, chamando...

12

A SEVERA LITANIA

O Seu era um estranho poder...

Toda a força, porém, da Sua Mensagem encontra-se no exemplo da vivência de que Ele deu mostras, seguido com fidelidade pelos que O amavam.

A urdidura da frase sem qualquer retoque, penetrando no âmago da questão que deveria ser examinada, refletia, em Jesus, a Sua procedência, a Sua sabedoria.

Nunca derivava o pensamento; jamais divagava, procurando a sobriedade verbal sem escassez, nunca a prolixidade confusa, utilizando verdadeiros apotegmas.

Recorrendo ao recurso dialético, propunha a tese e comentava-a, utilizando da antítese para robustecer o ensinamento.

Agredido pela astúcia dos fariseus, mediante as inquirições habilmente formuladas para O confundir ou comprometer, sem fugir à proposta mesmo desonesta, Ele devolvia a indagação, facultando ao interlocutor responder-se.

Essa técnica revelava a Sua compaixão pelos infelizes, permitindo-os despertar para as realidades que buscavam ignorar.

– *É lícito pagar-se o tributo?* – inquiriram, astuciosamente.

E Ele, pulcro e honrado, redarguiu, tomando de uma moeda:

– *Que vedes?*

– *A efígie de César* – aclamaram.

– *Dai, então, a César o que é de César...* – concluiu, fundamentado nas palavras do interrogante.

Não poucas vezes, o fato se repetiria.

Sua palavra era aragem abençoada e refrescante que perpassava, adentrando-se pelos poros do sentimento; outras vezes, alteava-se, vibrante, verberando o erro, o crime, como vento forte que afasta os miasmas da atmosfera e purifica o tempo...

Quando os Seus silêncios selavam-Lhe os lábios, um murmúrio de esperanças levantava-se discreto nas vagas aéreas, iluminando a melancolia das horas com as suaves claridades do Seu amor sem limite.

Porque penetrasse o cerne das necessidades humanas, o Seu era sempre o verbo da misericórdia e da compaixão, aplicado como bálsamo nas feridas abertas das aflições prementes, facultando alegrias porvindouras.

Nunca se detinha em frivolidades ou escavava os abismos das almas, aprofundando dores.

Quando se referia às coisas simples do dia a dia, fazia-as fulgurar como arquipélagos sidéreos jamais ultrapassados, nunca mais esquecidos.

Jesus falava muito em poucas palavras.

Vestia o pensamento sem os atavios das superficialidades. Todavia, seus conceitos jamais foram superados, seja na beleza da forma e poesia ou na profundidade da ideia.

Com o verbo em luz entreteceu as mais resistentes considerações em torno da vida, consubstanciando os valores transcendentes para que a criatura pudesse superar-se, sublimando as aspirações e fruindo a paz.

Legou-nos a técnica do amor, mediante a palavra de bondosa diretriz.

As ocasiões faziam-se propícias para que os adversários da paz tentassem perturbá-lO.

Convidado a um banquete,[5] o Mestre aquiesceu e sentou-se à mesa, para escândalo do anfitrião, que O não viu lavar-se...

Sem perturbar-se, o Puro esclareceu:

— *Limpais o exterior do copo e do prato, mas o vosso interior está cheio de rapina e maldade. Insensatos! Por ventura quem fez o exterior, não fez também o interior? Dai em esmolas o que está no copo e no prato e eis que todas as coisas vos são limpas.*

De forma alguma compactuava com as conveniências sociais advindas da pusilanimidade, por considerar a vida integral, sem as ardilosas injunções do engodo terreno.

Valorizando o Espírito eterno, buscava sempre retirá-lo do anestésico da ilusão.

Não obstante, compreendia o caído e o atormentado, soerguendo-os com o estímulo da esperança.

O hipócrita é gerador de incontáveis males para si mesmo e para os outros, fomentando prejuízos e desequilíbrios na economia moral e social da Terra.

Terapeuta excepcional, Jesus foi severo para com eles, que não entenderiam outra linguagem.

---

[5] Lucas, 11: 37 a 52 (nota da autora espiritual).

Dedicou-lhes, por isso mesmo, a trágica *litania dos ais*, que ainda repercute na acústica do mundo e que os incursos procuram não ouvir:

Ai de vós, fariseus! Porque dais o dízimo da hortelã, da arruda e de todas as hortaliças, e desprezais a justiça e o Amor de Deus!

Estas coisas, porém, deveis fazer sem omitirdes aquelas.

Ai de vós, fariseus!

Porque gostais das primeiras cadeiras nas sinagogas e das saudações nas ruas!

Ai de vós!

Porque sois semelhantes aos túmulos que não aparecem, sobre os quais andam os homens sem o saberem!

Não havia impiedade na voz, antes, compaixão no sentimento.

E porque se apresentasse falsamente incluído, pressupondo-se melhor, reagiu um doutor da lei, crendo-se insultado, embora não fugindo à regra.

Sem o temer, prosseguiu o Senhor:

Ai de vós, também, doutores da lei!

Porque carregais os homens com fardos difíceis de suportar, enquanto sequer com um dedo vosso os tocais.

Ai de vós!

Porque erigis os túmulos dos profetas, que vossos pais mataram!

Assim dais testemunhos e consentis nas obras de vossos pais, porque eles os mataram, e vós lhes erigis os túmulos!...

...Ai de vós, doutores da lei!

Porque tirastes a chave da ciência; vós mesmos não entrastes (no conhecimento perfeito) *e impedistes aos que entravam.*

Há flores no caminho

A triste melodia provocou-lhes a ira, armando-lhes a consciência entenebrecida para calar aquela voz...

A trama contra a verdade corporificou-se e prossegue até hoje, ainda dominando, por enquanto, fazendo vítimas, porém, aos seus famanazes vitimando.

Prometem o que não possuem e apresentam o que não são, na vergonhosa fragilidade do lodo carnal em que transitam, fátuos, sem poderem fugir à noite do túmulo, nem à madrugada do amanhecer!

A *litania dos ais* permanece severa, verberando a mentira e concitando o homem à renovação enquanto é tempo, porque logo mais já será tarde demais...

O de Jesus era, sim, um estranho poder: a Verdade!

13

Ricos de avareza

À medida que os acontecimentos faziam-se conhecidos, acercavam-se do Mestre os mais diversos tipos humanos.

A notoriedade atrai os aventureiros e os estúpidos, os astutos e os simples.

Cercam as pessoas que se celebrizam no conceito geral, por esta ou aquela razão, curiosos e interessados em recolher favores, benefícios, desfrutando regalias, aparecendo-lhes ao lado.

Eram aqueles, como hoje, dias difíceis.

O homem deseducado procura ser "lobo do homem", esquecido da Divina Paternidade que a todos nos fez irmãos.

Porque convivem o explorador com o explorado, o senhor com o escravo, o sadio e o doente, o rico e o pobre, os injustiçados e os cobradores, chegavam ao Senhor todos os tipos de problemas, quase sempre ocultando paixões mesquinhas, ambições subalternas.

Uns tentavam-nO para experimentá-lO; outros para vê-lO cair na antipatia farisaica ou romana... Entre esses se multiplicavam os infelizes de todo porte, necessitados de pão e de amor, de saúde e de esperança.

Jesus distinguia-os pela irradiação de que se faziam condutores.

Suas almas, suas vidas.

O que pensavam revelava mais do que diziam.

O íntimo real era o que importava.

E, por isso, muitas vezes atendia não à solicitação que Lhe chegava, mas ao que era mais importante e Lhe não era pedido.

As palavras que vestem as ideias, não raro, camuflam os sentimentos.

Há o verbo que revela e o que oculta.

O que se diz, nem sempre reflete o que se pensa.

Quanto se sente, raramente se pode ou deve dizer.

A presença do Senhor diluía a mentira na luz da verdade.

Mesmo assim, alguns mais loucos sem o saberem ou mais pertinazes pela condição em que transitavam, hipnotizados pelas suas ideias e ansiedades, insistiam, tendenciosos.

Ainda agora ocorrem fatos idênticos.

Os estados d'alma sobrepõem-se aos futuros d'alma.

Sabe-se como fazer e por onde seguir, no entanto, fica-se onde melhor agora compraz, sem esforço por avançar...

Os meses de mais intensa pregação deveriam ensinar aos milênios futuros, a fim de que os problemas do porvir já se apresentassem equacionados desde então, isto é, o que viesse ocorrer, já houvesse, de alguma forma, acontecido e ensinado como se deveria agir corretamente.

A decisão é o passo importante para o cometimento.

Atuar com acerto exige hábito de reflexão e estado de vigilância.

Nem sempre a questão se apresenta conforme é.

Saber identificar o seu lado oculto representa discernimento claro e rápido.

Um homem[6] aproximou-se de Jesus, na agitação das atividades em meio à multidão, e, apresentando-se como vítima, solicitou:

– *Mestre, manda que meu irmão reparta comigo a herança.*

O Amigo relanceou o olhar pelo povo ansioso e, lamentando o pedido que fora feito, respondeu:

– *Homem, quem me constituiu juiz ou partidor entre vós?*

Aquela era a oportunidade da divina herança, dos bens que não se consomem, nem passam de mão, não sendo usurpados, jamais perdidos; e o interlocutor pensava, ambicionava as moedas que se gastam e geram ódios, despertam cobiça, levam à morte.

Após refletir, no silêncio que a interrogação impôs, natural, prosseguiu chamando a atenção de todos:

– *Olhai e guardai-vos de toda avareza; porque a vida de um homem não consiste na abundância das coisas.*

A vida, em si mesma, é simples.

Os atavios e complexidades perturbam-lhe a marcha natural, dando margem a dissabores, receios e ansiedades desnecessários.

O indispensável é de fácil aquisição e não exaure.

O supérfluo aflige e enlouquece.

A ganância armazena em poucas mãos o que falta em muitas bocas e responde pela miséria econômica da sociedade.

A miséria moral dos que retêm, não se enriquece de paz na razão em que mais possui.

---

[6] Lucas, 12: 13 a 21 (nota da autora espiritual).

Assim considerando, o Mestre narrou:

— As terras de um homem rico produziam muito fruto.

Ante a abundância, pensava consigo: que hei de fazer, pois que não tenho onde os recolher? Concluiu: derrubarei os meus celeiros e os construirei maiores aí guardando toda a colheita e os meus bens, dizendo à minha alma: tens muitos bens em depósito para largos anos; descansa, come, bebe, regala-te...

Mas Deus lhe disse: Insensato! Esta noite te exigirão a tua alma; e as coisas que ajuntaste, para quem serão?

Assim é aquele que entesoura para si, e não é rico para com Deus.

A urna de luz, que é a parábola, guarda a essência do ensino que se faz vida duradoura, determinando os objetivos essenciais do comportamento humano.

Quem dá possui mais do que aquele que acumula.

O socorro que se movimenta produz bens eternos que se espalham pelo caminho em sombras, deixando claridade em bênçãos.

Feliz é o doador, enquanto permanece desventurado quem asfixia em cofres e armazéns.

A avareza mata em volta e enlouquece o avaro.

Sabia-o Jesus que, possuidor de todos os bens, viveu em simplicidade e renúncia, repartindo as dádivas da saúde perfeita e da paz, as mais importantes para uma vida feliz.

14
Simão: fraqueza e força

A simples evocação mental do Mestre produz sentimentos de ternura e amor, que mimetizam o ser, dulcificando a vida.

Causa espécie recordar que a Sua convivência plenificasse de imediato os que O cercavam, fazendo-os convencidos, para logo depois os mesmos tombarem nos tormentosos conflitos das dúvidas; felizes, dando lugar a inquietações afligentes; devotados, ao mesmo tempo receosos...

A infância espiritual do homem atém-no, ainda hoje, aos condicionamentos primeiros do instinto em detrimento das lucilações espirituais que o impelem na direção dos *Altos Cimos*.

O entusiasmo que empolgava os discípulos após cada ação do Mestre, produzindo inusitadas curas nos enfermos, ou decorrente da Sua palavra fulgurante que embaraçava os astutos famanazes dos interesses mesquinhos, que abria horizontes infinitos de invulgar beleza, ou a doçura que d'Ele se exteriorizava, cedia lugar ao fácil abatimento, às angústias e aos temores difíceis de explicados...

Não era fácil para eles abandonarem os quefazeres habituais a fim de se integrarem na empresa do *Reino dos*

Céus. No entanto, eram Espíritos convocados à luta árdua, de modo a cooperarem com o Senhor na obra de construção do mundo melhor.

Todas as vacilações de que davam provas humanas, reiteradas vezes, ao lado do Mestre, transformaram-nas em inteireza moral e vigor de fé que os levariam aos supremos testemunhos.

Jesus, que os conhecia em profundidade, confiava na sua abnegada dedicação no momento próprio, e porque se apresentavam dúbios ou falhos, discutidores ou tímidos, não os amava menos, antes os vitalizava com a Sua coragem, a fim de evitar que desfalecessem no instante máximo.

O importante não era vencer todas as pequenas batalhas, mas aquela decisiva, que definiria os rumos do Evangelho.

Fazia-se imperioso que não passassem imunes, nem intactos, porém que carregassem as feridas e marcas dos sofrimentos adquiridos no afã das lutas.

Num daqueles momentos máximos de definição, preparando-os para os superlativos confrontos com as paixões dissolventes do mundo, o Rabi advertiu e informou a Pedro, com a autoridade que Lhe era peculiar:

– *Simão, Simão, eis que Satanás obteve permissão para vos joeirar como o trigo.*[7]

Não havia espanto na voz, nem insegurança na palavra.

Ninguém atinge as plataformas dos cimos sem a vitória sobre as anfractuosidades das escarpas, nem a lenta conquista dos impedimentos à subida.

---

[7] Lucas, 22: 31 e 32 (nota da autora espiritual).

Moldam-se os metais nas altas temperaturas que os depuram e os aprimoram. A fornalha e a forja são-lhes benfeitoras ignoradas.

Não há exceção no processo evolutivo, passando todos os Espíritos pelo mesmo cadinho transformador.

Aquela advertência é lição que define a lei de igualdade a que estão submetidas todas as criaturas, enquanto na Terra.

O homem fortalece o ânimo diante da aspereza do compromisso e identifica-se o ideal pela firmeza com que o mesmo é vivido enquanto o apresenta.

Dando prosseguimento à oportuna informação, o Divino Amigo aduziu:

– *Mas eu roguei por ti, para que a tua fé não desfaleça.*

Na jornada do progresso espiritual, todos aqueles que marcham na retaguarda possuem anjos tutelares à frente.

São eles a estrela polar de todas as vidas, brilhando e convidando à permanência no rumo.

Retardam-se para socorrer e sofrem por amar.

Intercedem junto aos supremos governantes em favor dos seus afetos.

Constituem o estímulo constante e o forte ímã que os atrai na direção correta.

Porque identificava a natureza humana fraca do apóstolo querido, Jesus permitiu que ele fosse visitado pela tentação, lecionando humildade e submissão a todos os estudiosos da Boa-nova; no futuro, porém, intercedeu junto ao Pai, de modo que a dor, ao visitar o coração do amigo, não lhe queimasse o combustível das forças, permitindo-lhe perecer a fé.

Permanecia, o Senhor, vigilante, apoiando o discípulo, por enquanto sem a plena visão da realidade da vida espiritual.

Destinava-lhe responsabilidades específicas nas horas futuras de grande importância, para que ele balizasse as fronteiras das almas na larga convivência que lhe seria permitida com os homens.

E, por isto, concluiu o ensinamento com um dúlcido e significativo pedido:

– *E tu, uma vez arrependido, fortalece teus irmãos.*

A trágica lição deveria converter-se numa sinfonia, emoldurando de esperanças e belezas todas as vidas.

Somente aqueles que palmilham as estradas do sofrimento possuem resistência para a dor e autoridade para o ensino da verdade.

Quem percorre uma estrada pode melhor falar dela, porque a conhece, sabendo que o caminho é impérvio e quais os perigos a defrontar.

Com o *espinho* do arrependimento cravado na mente, a doer no coração, o discípulo se deixaria agora joeirar pelo sacrifício e se tornaria uma bandeira desfraldada, simbolizando a coragem que deveria infundir nos irmãos que lastreariam os solos das outras vidas com o martírio de si mesmos.

Sem as suas doações plenas, o futuro teria olvidado o holocausto do Justo.

Simão protestou, porém, fidelidade ao Senhor.

Apesar disso, titubeou e caiu, não uma vez, mas três vezes...

Todavia, teve a coragem de levantar-se sob os açoites vigorosos do arrependimento, diariamente trucidado pela lembrança amarga da ingratidão para com o Amigo.

Joeirando-se, entretanto, na fé augusta e no sacrifício, sustentou os irmãos com todas as forças da alma, evitando dissensões com a sua humildade e autoridade, infundindo ânimo até o momento em que, integrado ao Espírito do Cristo, deixou-se arrastar à rude crucificação, da qual se ergueu em asas de luz, símbolo que se fez da fraqueza momentânea e da resistência veraz diante de toda e qualquer tentação.

15

PASTOR E PORTA

Ele não mais voltaria à Galileia a partir daquele momento.

Os sítios queridos onde medravam a ternura e a simplicidade não volveriam a escutar-Lhe a voz.

Ficavam para trás as cariciosas convivências, os caminhos enflorescidos pela bondade espontânea e pela meiguice das gentes simples e humildes, afáveis e dóceis marcadas pelas experiências primeiras da canção da Boa-nova.

Era *tishri*[8] do ano 29.

O pó se levantava pelos caminhos e a luz ardia nos olhos.

Começaria, agora, até o acume das dores, o período pela árida Judeia.

Poderia um profeta desincumbir-se do ministério sem viver e sofrer na Judeia?

Iniciavam-se agora e alongavam-se as rudes provas e os aturdimentos gerais, as controvérsias e as paixões fulminantes.

---

[8] Outubro (nota da autora espiritual).

As ciladas armadas pela insensatez e os olhos vigilantes da inveja estavam abertos, seguindo-Lhes os passos, a Sua atividade, provocando...

✳

Em janeiro, passadas as festas, quando Jerusalém acabara de receber magotes de viajantes de toda parte, o seu verbo já se levantara e se fizera ouvir.

Os discípulos, fascinados, sentiam-se aturdidos em face da coragem d'Ele.

O verbo desataviado e as atitudes desembaraçadas se espraiavam, conclamando ao *Reino de Deus*.

Jesus desvelara-se por fim.

Chegava a hora.

Nenhum silêncio era possível a partir de então.

Testemunhos e dores não O atemorizavam.

Indispensável inaugurar o período de libertação das consciências.

– *Eu sou o Bom Pastor...*[9]

A voz soava meiga e poderosa.

Ao dizê-lo diante da multidão que O cercava, houve um estremecimento seguido de sussurros enquanto a ira farisaica espuma e escorre na boca aberta dos adversários.

Há um infinito de amor naquelas palavras e nos gestos nobres que O ampliam além do tempo e pelos longes dos espaços.

A nebulosa de dúvidas se aclara e as incertezas se fazem convicção.

– *Todo aquele que não entra pela porta do aprisco das ovelhas é um ladrão e um salteador* – prossegue, no seu canto de dedicação. – *Quem vai pela porta é o pastor, que ama as*

---

[9] João, 10: 1 a 18 (nota da autora espiritual).

ovelhas. O salteador tenta seduzi-las, levá-las... As ovelhas, no entanto, conhecem a voz do seu pastor e o seguem, confiantes.

O Pastor faz-se seguido, porque defende as ovelhas, por isso, elas o amam. Ele logo chega, caminha à frente delas e as chama pelos nomes. O ladrão age diferentemente...

Os murmúrios aumentam e o mal-estar se manifesta nos mais afoitos, nos atrevidos, que bradam:

– *Tem demônio, fala pela sua boca a blasfêmia, o espírito das trevas...*

Outros retrucam negativamente:

– *Diz a verdade!*

Altercam-se os constantes contendores, os inúteis e esvaziados de ideais, os que falam e não agem, os que agridem em nome da fé, mas não vivem para a fé...

Ele não se altera, não modifica o tom de voz, a canção de esperança e de apoio.

O dia arde. O grupo aumenta. O silêncio concede-lhe espaço no campo da audição geral.

– *O bom pastor dá a sua vida pelas ovelhas e, se alguma se extravia, vai ao seu encontro onde quer que esteja, sem importar-se com qualquer perigo, porque o amor vence os obstáculos, supera os impedimentos e é melhor dar a vida pela ovelha tresmalhada do que perdê-la. O pastor dá-lhes pastagens, guarda-as...*

As almas solitárias, os corações sedentos de carinho, aqueles que jornadeiam em clima de necessidades, sob o açodar das dores que não se encorajam revelar, os que estão à borda da alucinação; porque cansados e exauridos, constituem, em todos os tempos, as ovelhas, o rebanho, a família que o amor deve reunir em um só grupo, sob o Seu comando.

Naquele momento há um altissonante apelo no silêncio que se faz natural.

Ele prossegue:

– *O mercenário cuida das ovelhas, mas não as defende. Quando o perigo se avizinha poupa-se a aborrecimentos e dores, fugindo, receando perder a vida, porque o rebanho não é seu, por isso, não lhe dá amor.*

Eu, porém, que vos amo, digo: eu sou a porta por onde as ovelhas entram no redil, a passagem de segurança, que conduz e apoia...

Lágrimas orvalham os olhos e emoções se avolumam nos sentimentos enregelados, nos ressequidos.

Aquela doação total sem limite penetra com reconforto e dá força, ampara e levanta.

Todos sentimos necessidade de segurança, de ponto de referência, de certeza, para caminhar em paz.

A jornada solitária, o caminho pedregoso e áspero se dilatam além das perspectivas humanas. Para vencê-los, no entanto, só com a presença de Jesus.

Só Ele é o pastor, junto a quem as aflições se fazem paz e as precárias forças se transformam em alento.

Há pastores, todavia, que em Seu nome são mercenários, procurando tomar-Lhe o lugar nos corações.

Zelam por si mesmos, apaixonados e loquazes, susceptíveis e volúveis, buscando poder e glória, não excogitando dos interesses daqueles que os seguem.

Pensam no próprio *eu* antes que nos outros.

Assoberbam-se, na azáfama egoística, pressurosos e amargos.

Não desculpam aqueles que discordam das suas diretrizes, que os não seguem, armazenando azedume e fazendo-se combativos no sentido negativo da luta.

Veem perigos, apontam falhas, mas não protegem as ovelhas.

São mercenários no curral.

Quando se não beneficiam de moedas, fazem-no pelo elogio, pela autopromoção, azorragados pela conquista das coisas nenhumas com que se inquietam, de que se abarrotam.

Estão passeando suas injunções através dos séculos, em nome de Jesus.

O pastor, porém, verdadeiro, afável, doando-se, é conhecido facilmente pelas ovelhas que lhe identificam a voz, os sentimentos, os instrumentos da ação e o conseguem porque são amadas, seguindo-o, confiantes.

O bom pastor, acima de todos os pastores, comanda as ovelhas com incomparável amor, porta e estrada, estrada de acesso e rota, cajado de comando e presença de apoio.

❁

Antes, naquele ínterim, entre outubro e janeiro, Ele atendera publicamente à "mulher adúltera", cantou com inesquecível música a sinfonia do amor expressa na "parábola do bom samaritano", para depois de surpreender e escandalizar a hipocrisia e o puritanismo, apresentar-se na sublime condição de bom pastor, de porta.

❁

Não mais a Galileia O escutaria, senão ao retornar do túmulo, para rápido convívio com os amigos, no aprazível mar de Genesaré, antes de encerrar, em definitivo, o ministério...

Jesus: Pastor e porta!

16

RESISTÊNCIA CONTRA O MAL

Quando a noite se adornou de estrelas e os ventos brandos cantarolavam o poema da tranquilidade na moldura da Natureza em festa, Simão Pedro utilizou-se do bucolismo ambiente para interrogar, emocionado, o Mestre querido.

Naquele dia, a canção das bem-aventuranças fora entoada por primeira vez aos ouvidos da Humanidade para nunca mais silenciar sua voz.

O impacto da mensagem impregnou a Terra com uma vibração jamais sentida, assinalando profundamente a história dos tempos futuros.

O amor desatou, finalmente, seus elos e ligou as criaturas todas, umas às outras, para não mais se apartarem.

O lobo passava a conviver com o cordeiro e os chacais já não se disputariam presas.

Era um instante novo, que se fazia eterno, além dos tempos, vencendo os espaços.

A melodia articulada em palavras vibrantes, ora doces, ora fortes, ficaria dividindo os tempos em que o poder da força cedia lugar à força do amor, gerando os fundamentos do homem espiritual.

Seria impossível, agora, ignorar-se a missão do homem inteligente no mundo.

Não haveria lugar, no contexto da nova Doutrina, para as lutas fratricidas nem para as disputas mesquinhas...

Jesus rompera, adimensional, a limitação do homem, concedendo-lhe força e visão imensuráveis.

O amor se tornava o zênite e o nadir dos interesses superiores.

O ar balsâmico levaria por toda parte a voz, as palavras, as regras de ouro da não violência, da tolerância, do amor sem limite.

❋

A multidão dispersara-se magnetizada pela embriaguez festiva das esperanças ditosas.

Todavia, entre o momento da canção dos lábios de Jesus e o da ação dos homens no mundo, dobrar-se-iam os evos de dor, de reajustamento nas engrenagens da vida, de recuperação pessoal...

Até que se tornassem realidade os sublimes ensinos no coração das criaturas, os lobos se uniriam aos lobos e os chacais se disputariam os despojos das presas vencidas...

Porque lhe constituísse uma sinfonia penetrante e bela, mas difícil de ser dominada em toda sua musicalidade sublime, o velho pescador, que se calejara nas lutas com os homens e não lograva dominar os ímpetos que não poucas vezes o martirizavam, buscou o Amigo a fim de aclarar as dúvidas e interrogações que os ensinos libertadores suscitavam.

No alto, uma lua fulgurante derramava argêntea claridade, que embelezava a terra em paz.

Mergulhado em profundo cismar, o Senhor aguardava as ansiedades dos companheiros, a fim de libertá-los por dentro das aflições perturbadoras.

Dando à voz emocionada um acento de ternura, o dedicado e fiel servidor inquiriu:

— *Senhor, a mensagem que ouvimos penetra-me a alma como um punhal de luz que fere a noite do meu ser com claridade nova, sangrando-me os sentimentos atormentados. Enquanto a escutava experimentei a morte e sofri a vida; mergulhei nas trevas do medo e surgi na meridiana bênção da esperança; sufoquei-me em angústias e abri-me em confiança; dor e paz se alternavam no país do meu coração, sacudindo-me em tormentas e calmarias...*

Dando-se mais ênfase, em face do silêncio e da atenção do Mestre, prosseguiu:

— *A verdade é que sou passado e futuro, neste hoje que nunca morrerá.*

Ante a força da humildade, da pobreza, do amor, do perdão, da pureza, surge-me o impasse de como proceder, em razão dos hábitos arraigados, antigos.

Como procedermos ante um adversário impiedoso, a quem aprendemos a odiar?

O Mestre relanceou o olhar pela noite prateada e interrogou, a seu turno:

— *Simão, que sucede à noite visitada pela luz?*

— *Adorna-se de claridade* – respondeu o interlocutor.

— *E ao pântano, que vai drenado?* – insistiu o Mestre.

— *Oferece terra para a agricultura* – replicou, prontamente, o discípulo.

— *Do mesmo modo, Simão* – esclareceu o Benfeitor Celeste –, *quem conhece o amor jamais odeia, e se traz n'alma a vasa pútrida da animosidade, drena-a a fim de que a terra dos sentimentos se ofereça à sementeira da esperança.*

— *Se um amigo* — instou o velho pescador — *com quem privamos no dia a dia, se volta contra nós, em acusações injustas, não será lícito fugir dele, guardando mágoa pela ofensa sistemática?*

— *Quando alguém se volve contra nós* — elucidou, ameno, o Cantor da vida —, *ele está sempre com a razão.*

Se a acusação tem fundamento, deveremos amar quem no-la faz, corrigindo-nos, mesmo que a intenção dele não seja edificante. Se for destituída de verdade, ele ainda tem razão, porque, enfermo, vê o mundo e as criaturas conforme é, carecendo de piedade e auxílio fraternal.

A mágoa é veneno que corrói interiormente quem a conserva.

— *Todavia, se as nossas melhores palavras* — insistiu o sofrido pescador — *são confundidas, se nossas atitudes são transformadas em belicosidade, se os nossos sentimentos são tidos como perniciosos, será justo não conservar ressentimento de quem nos perturba desse modo a marcha?*

— *O ressentimento, Pedro* — explicou o Excelso Advogado do Bem —, *é como ácido, que corrói os sentimentos nobres do coração.*

— *Que atitude tomar, então, contra o desertor que, covarde, transfere sua fraqueza para nossa responsabilidade; em relação ao competidor inescrupuloso, que busca o triunfo da ilusão, agredindo-nos moralmente e malsinando-nos as horas; junto ao beneficiado pelo nosso carinho, que se volta como serpente e nos pica o regaço onde encontrou apoio e amparo; quando a perturbação for provocada por membros da nossa família espiritual, em infrene agressividade?*

– *A do perdão constante e sistemático* – ripostou Jesus –, *única força capaz de vencer a agressão invigilante e a perseguição doentia.*

O perdão é o amor que se movimenta em oportunidade nova para quem delínque. Mais do que uma palavra, é toda uma filosofia de comportamento humano, propiciando resistência pacífica contra o mal.

Beneficiando quem o doa, socorre a quem se destina e, compreendendo àquele que fere, abençoa o agressor...

O homem compreenderá, hoje ou mais tarde, que a batalha mais difícil de travar é a que deve atuar no mundo íntimo, contra as próprias paixões, por cujo esforço se descobrirá a si mesmo.

Infelizmente, estamos ainda na antemanhã da Humanidade nova, que surgirá a penates de sacrifícios e renúncias, de dores e autossuperações até o instante da vitória do bem integral.

Para tal cometimento, eu vos mando a todos – a ti e aos demais discípulos – na condição de ovelhas mansas e confiantes ao meio dos lobos rapaces, a fim de conquistá-los...

A mansuetude é o meu sinal no coração de cada um, e o amor será sempre o élan para uni-los todos como a uma só família.

Ressentimento, mágoa, ódio, nunca!

Sereis conhecidos pelo potencial de bondade com que iluminardes o mundo e a rota dos tempos...

Silenciou o Rabi, que fitava os horizontes sem fim do futuro da Humanidade, encerrando, ali, o sermão das bem-aventuranças, ante o velário da noite salpicada de brilhantes estelares e prata de luar.

Chorando, em silêncio, ao lado do Mestre, sem mais interrogações, Pedro compreendeu que por Ele, pelo amor, deveria dar a vida, sem oferecer, jamais, resistência contra o mal.

17

O CONDUTOR AUTÊNTICO

A palavra do Mestre ganhava as províncias das almas, dirimindo conflitos, orientando comportamentos, estabelecendo métodos para a aquisição da felicidade. Após os contatos com a massa sobrecarregada de dores, terminadas as azáfamas exaustivas, quando o silêncio da noite convidava o "Colégio Galileu" à reflexão e ao fortalecimento de forças, os discípulos incipientes em aprendizagem libertadora apresentavam interrogações que caracterizavam as ocorrências do dia, as que lhes haviam deixado incertezas.

Homens rudes e simples, não eram, todavia, Espíritos ignorantes.

Mergulharam na carne, nas condições de trabalhadores humildes para que melhor se pudessem doar à tarefa do reino a que serviriam, sem as complexidades perturbantes das *coisas nenhumas* do mundo.

Asfixiavam, nos tecidos da pobreza, as ambições desvanecedoras e aclimatavam-se nas profissões árduas do cotidiano, a fim de não estranharem as pelejas fortes junto à gleba humana por arrotear.

Viam, no entanto, a petulância em trânsito de dominação e a arrogância farisaica preocupada em dificultar-lhes o ministério, embora as chagas morais que disfarçavam sob indumentárias custosas.

Receavam os dominadores de um dia, que o túmulo iria receber, nivelando-os na vala comum da terra com os desocupados e os infelizes, os destituídos de títulos, sem honrarias nem destaques.

Meditavam, também, quanto à majestosa personalidade do Mestre, que os enfrentava impertérrito, com natural sobranceria, sem os recear nem os evitar.

❀

Naquele dia, o esforço desprendido no atendimento à dor e à ignorância, fora exaustivo.

Quando as atividades terminavam e o povo já buscava as suas casas, o Mestre foi interrogado por fátuo zelota que se apresentava na condição de preservador da pureza da fé, falando em nome da lei e da religião, armado contra todos aqueles que se lhe não submetiam ao talante.

Carcomido pela inveja, embora envergando a posição brilhante e rápida do destaque de que se via objeto, ambicionava mais; e, cego, na insânia, investiu, irônico e prepotente, desejando impedir a trajetória da Boa-nova, ou pelo menos submetê-la à diretriz da sua diminuta visão da realidade da vida e da soberania de Deus.

Ameaçando o Mestre, proibiu-O de falar e de agir, em nome das gentes de Israel, informando colérico que Ele não atuava sob a direção do Templo nem dos doutores de Jerusalém...

Iludido em si mesmo, blasonou as credenciais de que se dizia investido, e como não recebesse qualquer resposta,

Há flores no caminho

nenhuma reação do Rabi, batera em retirada, buscando a prisão dourada onde se encarcerava com outros *poderosos* enganados, a fim de trabalhar desforço, perseguição.

O Senhor sequer parecera notar-lhe a presença, não tecendo comentário algum.

Naquele habitual intervalo da noite, reservado ao diálogo íntimo, Simão Pedro, com carinho e respeito, inquiriu o Mestre, porque se resolvera pelo silêncio ante aquele que viera tentar dificultar-Lhe a marcha.

O Amigo auscultou os sentimentos do companheiro, visivelmente emocionado, e respondeu:

– *A Boa-nova é a mensagem do amor, sem peia nem fronteira, a Deus primeiro e ao próximo logo depois.*

Libertando o homem da ignorância, não o submete a outro homem em servidão nem mesquinhez, concitando o aprendiz ao respeito, à ordem e aos deveres, nunca, porém, à dependência de aparentes autoridades, que a si mesmas se emprestam títulos que passam e posições que disputam com ferro e malícia, servindo à própria vaidade, esquecidas de servirem ao bem.

Isoladas, exigem considerações que não tributam aos outros, evitando conviver com a dor, mergulhadas em elaborações confusas e pergaminhos a que atribuem exagerada importância, mas que o tempo gastará, quando deviam conviver com o padecer do seu irmão e trabalhar por amenizá-la.

Refugiam-se e temem o contato do povo porque o detestam, inseguras nos cargos brilhantes cujos alicerces se arrimam nas areias movediças da politicagem que dominam...

O discípulo do Evangelho é alguém que descobre a felicidade do serviço ao bem e ao amor, jamais temendo os fátuos e enganados, onde quer que se encontrem.

Por amor avançam, às vezes a sós, ligados ao Pai, nunca, porém, submetidos aos critérios das humanas paixões.

Serão incompreendidos e acicatados, padecendo acirrados embates que lhes moverão aqueles a quem não se submetam, no entanto, não lhes temendo nem lhes desejando servir, alcançando a meta, o divino fanal da fidelidade a Mim, que os acompanharei sempre na soledade e nos sofrimentos que carpirem.

Havia nas palavras do Senhor uma segura diretriz para os servidores do Evangelho em todos os tempos.

Como Pedro, reconfortado, volvesse à questão dos que se levantariam, possivelmente, como chefes e condutores no futuro, o Senhor elucidou:

— *Os que mais amarem serão, naturalmente, os que seguirão à frente, porque estarão dotados de mais abnegação e força, eleitos pelo Espírito de solidariedade e de renúncia, exemplos vivos e inderrogáveis da caridade.*

Muitos homens ambicionarão o poder espiritual, mediante as tenazes mundanas, perdendo-se a si mesmos e aos que se lhes submeteram na cegueira que os dominará.

Os discípulos sinceros distingui-los-ão, não tombando nas redes e tramas que urdirão os astutos, exceto se se deixarem também consumir fora da prece e longe da vigilância.

— *Como identificá-los, porém, se serão semelhantes no ideal abrasador aos que estarão assinalados pela autenticidade?* — volveu à carga o companheiro interessado.

Jesus olhou as ondulações montanhosas do outro lado do lago sereno e arrematou:

— *É natural que todo aquele que se movimenta no vale ou na planície ambicione galgar o monte. Muito justo que invista os mais fortes impulsos para lograr o acume da montanha, a fim de deslumbrar-se com a visão esplendorosa, ganhando a imensidade aos seus pés.*

Dignos de apoio são todos os nobres tentames para consegui-lo, sendo credor de ajuda para colimar o desiderato.

Por esse afã todos se devem esforçar, porque a destinação da vida é a felicidade.

Não obstante, quem, alcançando o ápice da subida se engolfe no entusiasmo, deixando-se vencer pela soberba e sonhe tornar-se o dono da montanha, procurando impedir a chegada dos outros, claro está que não serve à verdade, senão a si mesmo.

Equivoca-se e agride, teme e ameaça os que seguem na retaguarda, porém, vitimado em si mesmo, tombará no torvelinho das ilusões acalentadas, para despertar na horizontalidade do túmulo, mais tarde, sofrido e infeliz...

A montanha do bem, quando conquistada, continua do Pai Criador para a felicidade de todos os que marcham estrada acima, na ingente luta da ascensão.

Silenciando, distendeu o olhar pela noite agradável e fresca, enquanto o mar, varrido por ventos brandos, prosseguiria na sua cantilena, arrebentando ondas nas areias úmidas.

18

O REBANHO E O PASTOR

Do planalto de Bazan chegavam as notas exaltadas da multidão saciada, repercutindo pelas planuras e frinchas das rochas, até espraiarem-se pelas alturas do Esdrelon e das províncias humildes...

Os gritos de exaltação, após a fome atendida, exigiam um rei para Israel que impedisse a miséria, atendesse a dor, modificando as sombrias paisagens dos aturdidos painéis da alma humana.

No alto, diante da massa agitada, quase agônica, Jesus experimentara uma grande compaixão.

Pareciam, aqueles corações, ovelhas carentes necessitadas de um Pastor.

Tomado de ternura e compreendendo o impositivo do momento, dilatou-se em inexcedível misericórdia, colocando-se a atender todas as angústias e aflições dos atônitos participantes da tarde arrebatadora...

O desafio que lhe chegara àquele momento definiria o ministério a que se daria integralmente em holocausto de amor.

Indispensável, portanto, que a ocorrência a suceder ali marcasse profundamente a alma popular sofrida...

Depois do compassivo atendimento Ele se recolhera à oração, penetrando-se de paz decorrente da infinita comunhão com Deus.

Sempre que a multidão O buscava quase Lhe exaurindo as forças inesgotáveis, fazia-se imprescindível buscar o Pai e n'Ele haurir as energias do amor infinito com que atenderia à estúrdia alma humana...

Ficara, portanto, a sós com Deus, enquanto as estrelas coruscavam à semelhança de lírios de luz balouçantes no empíreo...

❀

Passadas as sucessivas cenas do mar e o deslumbramento receoso dos companheiros, o grupo, ainda emocionado, chegou a Genesaré.

A cidadezinha esparramada entre praias e outeiros contrastantes em cromos de beleza rara, facilmente identificou o Profeta...

Por onde Ele andasse a dor dos homens caminhava ao Seu lado.

Onde a Sua figura luminosa surgisse, acendiam-se as lâmpadas da esperança e as ansiedades cantavam múltiplas baladas de expectativa e interesse.

Por isso, os familiares dos infelizes traziam-nos e depositavam seus leitos e suas misérias à orla dos caminhos, nas praças amplas, nas praias ensolaradas, aguardando que o Seu olhar neles pousasse e a Sua voz lhe ordenasse a recuperação...

Em Genesaré, a cidade pesqueira e humilde, a dor era comensal do dia a dia. Ali, muitas vezes Jesus contemplaria os destroços humanos e os reuniria em novos corpos, convidando os depositários do ensejo para que se evitassem danos maiores, graças à mudança de comportamento interior em relação à vida...

A legião, porém, quase infinita, se renovava, exigente e caprichosa, egoísta e malsã...

Em Genesaré, naquele ensejo, eram lançadas as sementes da Era Nova.

Imediatistas, os homens somente se interessam, em todos os tempos, pelas paixões, exceção feita aos que se deixaram tocar pelos ideais superiores...

Terminada a ação beneficente e recuperadora em que as dores se acotovelavam, Ele buscou no silêncio da noite o recolhimento e a oração...

Convidados, Pedro e João acompanharam-nO com o carinho de ovelhas brandas...

Na mente inquieta do velho pescador, bailavam interrogações que não conseguia sopitar.

Utilizando-se da expressão de ternura e afabilidade que se desenhava no rosto do Mestre, o pescador ansioso inquiriu num misto de dor e desencanto:

— *Inicia-se o ministério, Mestre, entre expectativas e sorrisos... As multidões se agitam e o fermento leveda a massa... Alguns homens mais entusiasmados falam em revolução... Não fosse a Tua discrição, a esta hora teria estalado o movimento que se irradiaria por todo o país, a fim de levar-Te a Jerusalém, na condição de Rei...*

Havia na voz do discípulo notas de amargura e cansaço. Estimulado, no entanto, pelo silêncio atencioso do Amigo, prosseguiu:

— *A princípio magoei-me com o Teu afastamento no instante em que poderíamos dispor do povo, para a mudança de governo e de situação entre os humildes... Aquiesci irritado ante as censuras espontâneas que espocaram entre nós, e no íntimo deixei que a mágoa me povoasse o coração... À medida que o tempo se foi passando, mudou-me a paisagem interior...*

A voz se lhe fizera quase apagada. Simão passou a mão calejada pela testa larga, suarenta, e tentando recompor a calma, prosseguiu:

— *A convivência com os recém-curados e os novos enfermos que chegam de toda parte cansa-me... As tricas e disputas que já se estabelecem exaurem-me... Os comentários, apaixonados uns e outros receosos, desencantam-me... Os ódios já estalam e as maledicências visam à diminuição dos valores reais de alguns companheiros para o banquete competitivo da insensatez, fazendo-me recear...*

Por fim, com voz quase sumida, explodiu entre lágrimas:

— *Não aguento mais, Senhor!... A multidão cansa-me, as opiniões variadas perturbam-me, as lutas de paixões deperecem-me. Ainda, sequer não demos início à revolução do amor e sinto-me combalido, desanimado. Que fazer, Senhor?*

Compreendendo a funda amargura que se assenhoreava do companheiro frágil, o Divino Amigo inquiriu:

— *Simão, quando a terra cansada se nega a produzir em abundância, que faz o agricultor?*

— *Aduba-a com fertilizantes* — respondeu seguro o devotado colaborador.

— *Quando as redes se rompem, ameaçando a coleta de peixes, como age o pescador?*

— *Repara-as, atentamente.*

— *Quando o vaso precioso se parte, como procede o seu possuidor?*

— *Conserta-o com carinho.*

– Se o camelo rebelde se nega à condução correta, que faz o almocreve?

– Domestica-o com insistência – concluiu o discípulo sem saber aonde queria chegar o Mestre...

– Disseste bem, Simão – redarguiu Jesus.

– Aquele que ama e necessita do amor, ante a terra exaurida, as redes rotas, o vaso quebrado e o animal rebelde não se entrega ao desalento ou à deserção. Reúne as energias e habilidades, procurando revitalizar, reparar, recompor, refazer...

Assim deve ser em relação à criatura humana.

Como não seria justo o excesso de entusiasmo, que somente perturba, lícito não é o desencanto ante a constatação das mazelas e dos limites humanos.

O verdadeiro amor não se desarvora nem debanda. Ninguém espera compreensão alheia, reconhecimento da massa, afeição das criaturas... Até agora o Pai nos dá o exemplo: trabalha! Como eu também trabalho.

❀

No alto brilhavam os astros, oscilando em sinfonia de bênçãos além da acústica dos débeis ouvidos humanos.

Por muitos séculos assim se demorariam os homens, não obstante a fé e o ideal, em tricas e irreflexões, sem se darem conta do mal que fazem por negligência ou desesperação, embora sem o quererem, desanimando os companheiros de luta... Todavia, acima de todas as circunstâncias humanas, Jesus prossegue amando e trabalhando em sublime, paciente convite como Pastor vigilante junto às ovelhas.

19

COMUNHÃO PELO AMOR

Aquele mês de *kislev* se encontrava estranho, ardente. A canícula se alongava até horas avançadas, mesmo quando o velário da noite se cobria de astros coruscantes que lucilavam ao alto...

O dia fora exaustivo.

As multidões se haviam redobrado, apresentando suas múltiplas necessidades ao Rabi.

As notícias da Boa-nova se espalhavam como bálsamo abençoado, atendendo às exulcerações dos sofredores que chegavam de toda parte.

Enquanto as excelências da Mensagem luminosa alcançavam o ádito dos corações e renovavam as esperanças de uma Israel exaurida, as tricas farisaicas armavam ciladas com que esperavam colher nas suas malhas ardilosas o Divino Amigo.

Sucediam-se, naqueles dias, as ansiedades e expectativas dos corações.

As levas de sofredores assinalados pela desesperança e pelo deperecer de forças solicitavam carinho, exigiam paciência, de modo a terem minimizadas suas dores superlativas.

O Mestre encerrara o ministério do dia e se recolhera às praias frescas próximas à casa de Simão.

O velho pescador, fascinado pelo querido Amigo, se Lhe entregara desde as primeiras horas com alma e coração.

Cada vez que o Senhor se recolhia ao solilóquio da oração, ele se colocava a respeitosa distância, de modo a acompanhar com ternura extrema a solidão do Enviado do Céu...

Vez que outra, quando eram favoráveis as circunstâncias, qual criança curiosa buscava o Excelente companheiro e solicitava esclarecimentos, apresentava dificuldades, propunha problemas, dirimindo dúvidas e elucidando enigmas.

O Mestre, compassivo e complacente, ouvia e ensinava, otimista quão afável, deixando impressões dúlcidas nas almas estúrdias dos discípulos ansiosos.

Vezes sem conta eram examinados, em tais ensejos, os problemas do dia a dia e as indagações variavam desde as colocações da religião dominante às injunções governamentais dominadoras.

Naquela noite especial, enquanto o Rabi demandara a agradável paisagem da noite, que refletia os astros na placidez do mar, Simão e os companheiros se acercaram, envolvendo o Mestre em terna afetividade.

Sem dúvida, as dificuldades do momento eram muitas e a "baba" dos preconceitos envenenava, espalhando suspeitas e inquietudes, multiplicando notícias contraditórias.

Pulcro e impertérrito, Jesus acalmava as incertezas dos amigos, assegurando-lhes a destinação gloriosa que estava reservada aos fiéis servidores do Evangelho em todos os tempos.

Numa pausa que se fez espontânea, natural, Pedro perguntou, ansioso:

— *Rabi, como nos devemos comportar diante dos filhos rebeldes e ingratos? Ministramos lições de amor mediante a áspera renúncia e a forte abnegação, a fim de que desatem as forças superiores da vida e se tornem felizes. Todavia, à medida que adquirem liberdade de movimento e de ação, tornam-se prepotentes, rudes e, não raro, agressivos. Está escrito na Lei que é necessário honrar pai e mãe... Sem embargo, Senhor...*

Havia surda mágoa na palavra do devotado pescador.

Perscrutando a acústica das almas e conhecendo o insondável dos corações, Jesus indagou, bondoso:

— *Simão, que faz o homem com o solo adusto, quando deseja cultivá-lo?*

— *Arroteia-o, Senhor* — respondeu, prontamente, o atento companheiro.

— *Que faz o oleiro diligente, que deseja um vaso e dispõe apenas de modesta e desagradável porção de lama?*

— *Modela-a com hábil movimento e celeridade.*

— *Como procede o jardineiro, quando se dispõe a colher rosas?*

— *Precata-se contra os espinhos.*

— *Como se deve comportar o educador ante o aprendiz difícil?*

— *Insistindo, paciente, e porfiando, austero, buscando encontrar a fórmula própria e acessível para ministrar o ensino.*

— *Da mesma forma, em relação aos filhos devemos proceder. A paciência é método fundamental para a realização de qualquer cometimento educacional. A dificuldade hoje, quando perseveramos nos ideais superiores, surge, sendo amanhã regu-*

larizada. O problema de agora, se insistimos na ação, se apresenta mais tarde solucionado.

Os filhos difíceis exigem maior quota de atenção. Aturdidos em si mesmos, requerem carinho e altas doses de confiança, a fim de lograrem segurança íntima. O futuro ensinar-lhes-á, mais tarde, o que hoje não logram compreender. Tornar-se-ão pais e entenderão que só o milagre do amor consegue realizar o ministério eficiente da felicidade com o êxito que se almeja.

E, desejando tornar o ensino indelevelmente fixado nas telas da memória dos amigos, aduziu:

— Nenhum esforço filial consegue retribuir em amor o amor que recebe de seu pai e de sua mãe. Nenhuma definição traduz com total significação a ansiedade de uma mãe ante o berço do filhinho enfermo, a angústia do pai, ralado de agonia, aguardando o retorno da saúde do ser querido que lhe volve aos sentimentos na condição de filho...

Quem poderá compreender a dor imensa, cravada n'alma como punhal aguçado, que experimenta uma mãe cujo filho rompeu a fronteira da morte e ao interrogar os Céus, de coração esfacelado e energias destroçadas, não escuta respostas?

Inquirem elas ao silêncio da noite e rogam palavras confortadoras à melodia da Natureza, suplicando trazer-lhes de volta esse coração que é o pulsar do seu coração, agora desritmado...

A vida para elas, sem esses abençoados rebentos de vida que lhes enflorescem a existência, perde totalmente a significação.

Nenhuma palavra molhada com as lágrimas da compunção pode transformar-se em alento para elas, conquanto apenas o abraço deles de retorno, envolvendo-as em harmoniosa promessa de reencontro, cessadas as rudes experiências da separação, tudo consegue.

Por serem cocriadores na obra da criação de Nosso Pai, os pais, no mundo, merecem dos filhos todo respeito e abnegação, até o sacrifício quando este se faz necessário...

Arrematando a lição preciosa, concluiu o Senhor:

– *Os filhos-problema são ferrete para os pais, que os devem amar mais e sofrê-los mais, até que o amor seja o sublime élan de união entre eles, em nome da celeste comunhão que a todos, um dia, nos unirá como verdadeiros filhos de Deus.*

Calou-se o Mestre.

No ar leve da noite o acre odor do plâncton das águas trazido pelo vento perpassava penetrante.

O Rabi levantou-se e, emoldurado de desconhecida luminescência, afastou-se vagarosamente, deixando os companheiros devotados em demorada reflexão.

20
NO LONGE DOS TEMPOS

Na acústica da Natureza prosseguia a vigorosa balada dos "direitos dos humildes", há pouco apresentada no monte, ante a multidão embevecida, quando o Mestre chamou os companheiros e desceu o cerro na direção da cidade, na várzea além...

Continuavam as emoções, apressando os sentimentos dos ouvintes com vistas ao futuro, parecendo que o dealbar da Era Nova dar-se-ia de imediato.

A música de felicidade permanecia em ritmo de júbilos e, no sudário estrelado da noite, as harmonias divinas confraternizavam com os limites da Terra.

Os discípulos, fascinados pelo conteúdo maravilhoso do sermão das bem-aventuranças, não cabiam em si de contentes, desejando agregar questões novas, ampliar entendimento, entretecer considerações...

Utilizando-se de breve repouso do Amigo, acercaram-se como crianças curiosas e obedientes, e, sem maior delonga, propuseram as interrogações que lhes bailavam na mente.

– *Senhor!* – falaram pela palavra ponderada de Simão.

– *Pelo que podemos observar as alegrias reservadas nos Céus aos que sofrem na Terra poderiam ser trasladadas para o dia a dia dos homens, caso nos dispuséssemos à vivência dos ensinos ouvidos, desde hoje.*

Será possível acreditarmos na realização do reino de justiça e bondade, para os próximos anos da Humanidade?

Como seguiremos, as criaturas humanas, na direção do futuro: sob os suaves comandos do amor ou açodados pelos espículos do sofrimento?

Havia uma ansiedade confiante que fulgia nos olhos desmesuradamente abertos do amigo, representante natural das inquietações gerais.

Podia-se ouvir os anseios da Natureza, arrebentando-se em onomatopeias espontâneas.

O Senhor relanceou o olhar pelo grupo emocionado, num sentimento de união, e, antevendo os longes do futuro, começou a falar:

– A sinfonia da montanha é a carta de libertação do homem que se fazia servo das paixões dissolventes, objetivando inverter a ordem dos valores vigentes e demonstrando que a vitória da vida se baseia na estrutura do ser que se renova e se supera, com os olhos postos na imortalidade.

Examinada apenas do ponto de vista material, a vida inteligente perde o sentido, em se considerando a brevidade do seu curso, que logo se dilui aos ósculos da morte, da decomposição orgânica, das transformações...

Observada, porém, sob a angulação adimensional da imortalidade, adquire sentido e finalidade, apresentando meios e metas para colimar os seus objetivos.

Imediatista, no entanto, e porque ignora em profundidade o compromisso eterno para com o Pai Criador, a criatura se deixa galvanizar pelo egoísmo e as paixões armam-na com os instrumentos de destruição: a ira, a volúpia do desejo, o orgulho, o ódio, a ambição desmedida do poder...

Sentimentos antípodas a esses nascem no comportamento de quem compreende que o corpo é instrumento para a aprendizagem, na marcha inexorável da evolução, não constituindo a realidade única, legítima...

Calou-se, o Mestre, por um momento, para dar campo à reflexão mental dos companheiros, logo prosseguindo:

– Como consequência, a dor ser-lhe-á a promotora do processo redentor, porque resultado inevitável do mau uso das suas potencialidades.

Usando a inteligência apenas, que é de fácil manipulação pelo exercício das suas aptidões, engendrará, para si mesmo, o poste e o garrote da aflição desmedida de que se libertará só a penates.

O Evangelho, sua vivência, todavia, será por todo o sempre a diretriz de segurança e de amparo às aspirações relevantes do ser, auxiliando na construção dos bens eternos do Espírito.

Recordam-se, então, os ouvintes, os conceitos há pouco ouvidos: pobres de espírito, famintos de justiça, simples de coração, limpos de coração, humildes e abnegados, sedentos de paz, os que choram, os mansos, porque somente através da vivência enriquecida de renúncia e simplicidade, poderiam fartar-se como herdeiros naturais de tudo quanto não fruíram...

Dando ênfase à lição, o Rabi continuou:

A inteligência guindará o homem aos astros do céu e levá-lo-á ao abismo das águas, o que fará se ensoberbeça e alucine... Com ela, conhecerá todos os quadrantes da Terra, identificando as leis que regem a Natureza, adentrando-se no

*mecanismo dos mistérios que por algum tempo o perturba-
rão; no entanto, porque fascinado pela própria argúcia, esque-
cer-se-á de amar, tornando-se vítima inerme de si mesmo,
jactando-se de ser um novo deus...*

*Com o desamor, portanto, padecerá fome de compreen-
são e sede de amizade; conquistará o mundo e perder-se-á a si
mesmo; vencerá os abismos das distâncias e caminhará a sós,
separado dos seus irmãos; decifrará os enigmas de fora, afli-
gido pelas perplexidades íntimas...*

*Só o amor poderá libertá-lo da torpe situação, ofere-
cendo-lhe braços à solidariedade e à ternura.*

*O amor dar-lhe-á visão de amplitude no que tange aos
direitos que lhe decorrem dos deveres retamente cumpridos.*

*O amor dulcificar-lhe-á as angústias, facultando-lhe
ver a possibilidade de viver a felicidade pelo bem que lhe será
lícito realizar, ampliando as dimensões sublimes da Vida.*

*O amor, exteriorização do Pensamento Divino do
Pai, unirá, por fim, as criaturas, após as dores lancinantes
que decorrem das suas alucinadas conquistas externas, sob os
açoites das desmedidas ambições que o egoísmo comanda...*

Ventos frios sopravam, anunciando as horas avançadas da noite.

Pedro, sinceramente tocado, porque desejando agra-
decer o esclarecimento, propôs, em termos de encerra-
mento da entrevista:

– *O Evangelho triunfará um dia, no mundo, aben-
çoando os humildes e os infelizes?*

– *Sim, Simão* – redarguiu o Divino Mestre. – *Quando
o homem cansar-se da vacuidade e despojar-se da ilusão por
exaustão do seu uso desordenado, contemplará o caos a sua
volta e ouvirá no recôndito do ser as minhas palavras deste dia:*

"Bem-aventurados os que sofrem, e, sem dar-se conta, fará a viagem de volta para dentro de si mesmo, sob o comando do amor que lhe vige inalterável, iniciando o momento ditoso de adentrar-se no Reino dos Céus, no longe dos tempos que certamente chegarão...".

21

PRIMAVERA EM PLENO INVERNO

Era um inverno rigoroso e duplo.

Não apenas uma quadra hibernal, fria e de céu escuro, mas também de expectativas nos corações.

Os receios se misturavam com as ansiedades e a boca da intriga fomentava situações embaraçosas, precursoras de tragédias futuras.

A primavera da mensagem evangélica ainda não conseguira enflorescer-se nas almas convidadas ao banquete da Boa-nova.

Despreparados para os grandes voos, porque se negavam à ascese libertadora, os homens preferiam o marasmo à sublime aventura, o vale sombrio às cumeadas gloriosas.

Rastejavam, quando poderiam plainar acima, nos horizontes infinitos.

A jornada do Mestre fazia-se entre inquietações e surpresas.

Ele sabia o roteiro e conhecia os caminhos a percorrer.

Os companheiros simples, ora se deslumbravam com os fenômenos que Ele produzia, ora se perturbavam, ante a grandiosidade do cometimento que, vez por outra, davam-se conta.

Em verdade, não tinham ideia de que as sementes daqueles dias, plantadas na terra fértil da história da Humanidade, reverdeceriam o planeta para sempre.

Não se davam conta de que jamais se apagariam os seus nomes na constelação dos "mensageiros da luz", servidores da claridade libertadora.

Aquele era um momento insuperável; eram dias não mais repetidos em todos os outros dias do futuro.

Há instantes que são eternidades no tempo e infinitos no espaço.

E aqueles eram esses instantes.

A luz da verdade cindira a treva para sempre.

A palavra, a obra estavam lançadas. Iniciavam-se as bases, os alicerces da nova civilização.

O reino se fazia conhecer e os seus ministros, no entanto, careciam da indispensável lucidez para melhor explicá-lo e vivê-lo.

Possuíam as credenciais, porém as ignoravam.

Haviam sido chamados para o grande combate, depois do qual seriam escolhidos a fim de exercerem o relevante ministério.

Jesus acabara de referir-se à Sua condição de pastor das ovelhas.

Afirmava ser a porta por onde todas adentrariam para o redil.

Mais de uma vez identificara-se. Isso escandalizara os fomentadores da mentira, que se comprazem na intriga, construindo uma cortina de fumaça com que, perturbados, supõem encobrir a verdade, mais se equivocando.

Os arquitetos da ilusão transitam em névoa, observando os fatos com as lentes embaçadas, que distorcem as imagens, dando-lhes uma visão incorreta da realidade, o que, aliás, preferem.

Havia tanta claridade no ensino do "Filho do Homem", que difícil se tornava não O identificar. Apesar disso, mascaravam o conhecimento para ocultar-se na acomodação irresponsável.

Aquela quadra invernosa poderia ser primavera para as almas, no entanto, tornava-se prenunciadora de borrascas irreversíveis para o futuro.

A verdade é luz que, não dosada, cega.

É claridade, mas pode conduzir às trevas.

Pão, se não digerido, enferma.

Linfa, que não absorvida com cuidado, afoga.

Licor, cuja quantidade deve ser equilibrada, a fim de não embriagar.

Para conhecer a verdade basta possuir "olhos de ver" e "ouvidos de ouvir".

Para senti-la e vivê-la, são necessárias maturidade e preparação.

A avidez excessiva prejudica tanto quanto a indiferença contumaz.

Jesus o sabia e, por isso, ensinava-a com método, alimentando as almas com parcimônia, Ele que se fazia abundância.

Não obstante, a Sua fortuna de amor, mesmo quando doava "migalhas", esparzia recursos excessivos.

Vez por outra falava para o futuro.

A semente de vida eterna deveria ser plantada de uma vez.

O gesto audaz, irreprimível, chocava a conivência social e religiosa.

Abraçados aos interesses transitórios, os seus empertigados representantes sentiam-se no dever de impedir a luz.

Detentores das coisas, detinham-se atados a elas.

Embriagados pela presunção de que davam mostras, pensavam conduzir as rédeas do veículo do progresso, obstruindo a estrada do futuro ou domando os fogosos corcéis do amanhã.

Inevitavelmente, tombavam em desastres clamorosos, já que ninguém pode deter o carro do Sol...

Provocadores quão insensatos, tumultuavam a turba que os incensava em sua loucura – alimento de que a vaidade necessita para sobreviver –, a mesma multidão que um dia se atirou contra eles, os fomentadores da miséria moral, social e econômica...

Jesus os conhecia e não os temia.

Eles conheciam a Jesus e O temiam.

A sombra se dissipa com a luz.

A fraude receia a sua evidência.

O engodo se atemoriza ante o fato.

Assim, prossegue nestes dias. Por enquanto, se demorará em tais condições.

Os homens aparentam querer a verdade, que disfarçam.

Dizem ansiá-la e adiam o momento de se identificarem com ela, porque a temem.

A verdade impõe mudança de comportamento moral. Mata a ilusão.

Os que estão distraídos têm dificuldade em adaptar-se à vida nova.

Muitos gostariam de conciliar as situações que são opostas. Por não lograrem o intento, combatem os que são instrumentos da mensagem.

Detêm-se realizados.

Fecham os olhos e creem que é noite.

Confundem-se e pensam que lhes impedem o avanço, que lhes parece ameaçar a posição que reconhecem falsa.

Demorada a tarefa de revelá-la ao mundo e sabê--la triunfante.

Jesus não se afadigava.

Cumpria com o Seu dever.

Confiava no tempo e na terapia renovadora do sofrimento.

❁

Em Jerusalém havia a "Festa da Dedicação", e era inverno.[10]

Os largos alpendres do templo de Salomão acolhiam os peregrinos e fiéis que transitavam pelas suas dependências agradáveis, antes e depois dos ofícios e oferendas religiosas.

Ali, as opiniões comentavam os acontecimentos gerais, a censura rilhava os dentes das acusações descabidas e as traições espiavam suas possíveis vítimas...

Jesus passeava quando Lhe interrogaram os intrigantes, provocando reações.

– *Até quando terás a nossa alma suspensa? Se Tu és o Cristo, dize-nos abertamente.*

O Mestre penetrou-os com o olhar. Sabia o que desejavam, todavia respondeu:

– *Já vo-lo tenho dito, e não o credes. As obras que eu faço, em nome de meu Pai, essas testificam de mim.*

---

[10] João, 10: 22 a 42 (nota da autora espiritual).

Mas vós não credes porque não sois das minhas ovelhas, como já vo-lo tenho dito.

As minhas ovelhas ouvem a minha voz, eu as conheço, e elas me seguem.

Dou-lhes a vida eterna, e nunca hão de perecer. Ninguém as arrebatará de minha mão.

Meu Pai, que mas deu, é maior do que todos; ninguém pode arrebatá-las da mão de meu Pai.

Houve um silêncio de choque.

O momento chegava.

Não há maior demonstração nem provas, por mais queiram ignorá-las os homens, naquele instante.

Os atos O anunciam, não somente as palavras. Entretanto, num espocar de cores no céu invernoso, proferiu as palavras que não mais deixarão dúvidas:

Eu e o Pai somos um.

A gritaria infrene e a fúria falsa irromperam em reação, tentando calá-lO a pedradas.

Não criam na coragem da verdade. Agora a detestavam.

Já não a ignoravam e não poderiam fugir-lhe à presença, que lhes fustigaria a consciência a partir de então.

O Filho representava o Pai que está n'Ele.

Esta identificação não pode ser tomada como pessoas distintas, fundidas numa só, tida por verdadeira.

Ambos são verdadeiros.

O Filho depende do Pai que O nutre e O vigora.

A recíproca, porém, não é legítima.

Vinha em nome do Pai, à Terra, para a unidade em amor com todas as criaturas.

Ele penetrou a ira com o punhal da serenidade e, inquestionável, prosseguiu:

— *Tenho-vos mostrado muitas obras boas em nome de meu Pai; por qual destas obras me apedrejais?*

— *Não te apedrejamos* — responderam — *por alguma obra boa, mas pela blasfêmia; porque, sendo tu homem, te fazes Deus a ti mesmo.*

— *Pois, se a lei chamou de deuses aqueles a quem a palavra de Deus foi dirigida – e a Escritura não pode ser anulada –, aquele a quem o Pai santificou e enviou ao mundo, vós dizeis "blasfemas!" porque disse "sou Filho de Deus?!".*

Se não faço as obras de meu Pai, não me acrediteis. Mas se as faço e não credes em mim, crede nas obras; para que conheceis e acrediteis que o Pai está em mim e eu n'Ele.

...E como não havia entre os antagonistas a sinceridade que busca, senão a burla que aturde, Ele os deixou e partiu...

Em pleno inverno de Jerusalém e dos corações a primavera de bênçãos para todo o sempre.

22
Em soledade... com Deus

A pouco e pouco foi-se-lhes descerrando o véu. À alegria, assinalada pelas expectativas do triunfo humano, ia-se sucedendo a tristeza nascida na compreensão das altas responsabilidades.

Para as almas ambiciosas, a ilusão matiza a vida com os tons róseos dos júbilos, enquanto a verdade tinge de sombras os horizontes infantis que as quimeras almejam, irresponsáveis.

A primeira, efêmera, dilui-se na razão em que a segunda, permanente, predomina com gáudio real.

Eles, porém, os *doze*, anelavam pela concretização dos sonhos terrenos, que vibravam em toda Israel: a libertação do jugo romano, a supremacia da "raça eleita", o luxo e a governança no mundo das formas, sem dar-se conta da transitoriedade desses valores, que se consomem ante o túmulo triunfador sobre a matéria...

À medida que o Mestre os fascinava, transferiam-se dos interesses comezinhos para o amor espontâneo que lhes daria o legado da paz.

Compreendiam, a peso de esforços mentais, o desinteresse do Rabi pelas coisas humanas e suas posições equívocas, descobrindo a excelência da vida imortal, para a qual se deveriam voltar com inusitada dedicação.

O amor, que passavam a nutrir por Ele, abria-lhes o entendimento, facultando-lhes a compreensão das finalidades da vida.

Todos os fenômenos que presenciaram assinalaram a fogo as convicções quanto à Sua procedência, não obstante, haviam pensado que todo aquele poder seria aplicado na conquista da Terra, sem que se recordassem que Ele é o organizador e o condutor do Orbe.

Assim, a saudade daqueles dias se lhes foi aninhando no coração, dando lugar a interrogações inquietantes, que não os visitaram anteriormente.

A festa das surpresas, os hinos de louvor e as emoções que se sucederiam em explosões de bênçãos iam ficando para trás.

Nunca haviam pensado que os acontecimentos tomassem aqueles rumos funestos.

As tricas farisaicas, os despeitos geradores de ódio e as invejas fomentadoras de disputas infelizes, nas quais as sórdidas calúnias tomavam corpo, prenunciavam dores, que nunca esperaram, mas que Ele aguardava...

❀

Aqueles dias, em Betsaida, tinham algo de despedida.

As curas que se fizeram, assombraram, provocando a maior soma de despeito nos homens vãos que se atribuem importância que sabem não possuir.

Logo depois, a multiplicação dos pães e dos peixes atestou o Seu conhecimento das Leis, no entanto, era mais importante o alimento da Sua palavra libertadora.

Betsaida, como Cafarnaum, que tanto receberam, não Lhe valorizaram as realizações, desejando mais sinais pedidos pela boca dos fariseus e saduceus.

Respondera-lhes, então, sofrido:

— *À tarde, dizeis: teremos bom tempo, porque o céu está avermelhado. Pela manhã, exclamais: Hoje teremos tempestade, porque o céu está de um vermelho sombrio. Sabeis, na verdade, discernir o aspecto do céu, e não podeis discernir os sinais dos tempos?*

E com severa admoestação concluíra a Sua resposta:

— *Uma geração má e adúltera pede um sinal, e nenhum sinal se lhe dará...*[11]

Os homens pigmeus gostam de perturbar os gigantes.

Os que são infelizes morais invejam a paz dos justos.

Adúlteros desejam o que não merecem, exigem provas e sinais do que se negaram a ser: honrados!

A maldade urde planos contra a inocência.

O lobo "tem motivos" para justificar a caça ao cordeiro.

Os "homens-lobos" estão sempre armados, dentes rilhados, prontos contra todos os que não afinam com os seus instintos.

Jesus era o Cordeiro pela mansidão e bondade, deveria sofrer o sacrifício.

A sanha, porém, dos algozes, não se aplacaria.

Infelizes em si mesmos, não se encontram, senão, quando a dor os obriga ao mergulho interno, onde se detêm em largas aflições...

Vencendo as terras da Gaulonítida, nas regiões da Bataneia, atravessaram o sinuoso Jordão, amparados pelas

---

[11] Mateus 16: 2 a 4 (nota da autora espiritual).

árvores frondosas da orla verde-branca, em cujas copas chilreava a passarada e sob cuja sombra os animais e os homens vinham dessedentar-se.

O último trâmite fora realizado em silêncio mortificador.

Sabiam, pelo que haviam depreendido das muitas palavras que ouviram, que não seguiriam com Ele de imediato.

João Batista partira em holocausto de fé.

A verdade paga alto preço para sobreviver no mundo.

Imaginavam, então, o que lhes sucederia depois que Ele partisse.

Faltava-lhes astúcia para enfrentar as ciladas dos maus, esquecendo-se de que adquiririam sabedoria, que é mais importante.

Sofriam, desde já, por amor.

Este é o padecimento que eleva, liberta e felicita.

Agora adentravam-se na experiência profunda da Boa-nova.

Até então estiveram no lado externo da *Revelação*, passando, porém, a integrar-se nela.

O Mestre percebeu-lhes a angústia e os identificou em real crescimento.

O parto da verdade se processava através das dores naturais de qualquer nascimento.

Eles despertavam e morriam as ilusões, para que o sentido real da vida assumisse o lugar que lhe competia.

O desaparecer da ambição terrena significa surgimento da vida espiritual.

Enquanto os *doze* esperavam os triunfos humanos, a azáfama era grande na sucessão dos eventos que escorriam com os dias céleres.

A seara da esperança repletava-se de infelizes que recobravam a saúde, nem sempre se renovando para a vida.

Agora, no entanto, havia receios entre eles, indagando-se quanto ao próprio destino.

Judas, aproveitando-se de um momento em que o Mestre se recolhera à oração e ante o acabrunhamento dos amigos, interrogou:

— *Que será de nós, se estiverem, realmente, próximos os testemunhos?*

— *Não creio que sejamos envolvidos todos* — respondeu Pedro.

— *Ficaremos à mercê dos juízes* — adiu Tomé —, *que serão severos conosco, senão impiedosos.*

— *Ele não nos obrigou a segui-lO* — redarguiu João.

— *Por isso deveria poupar-nos* — contestou Judas. — *O nosso já é um grande sacrifício, pois que abandonamos tudo quanto tínhamos.*

— *Não considero assim* — ripostou Natanael. — *Ele buscou-me enquanto eu meditava e deu-me alegria. Eu O amo e estou disposto...*

— *A Lei é dura para com aqueles que a desrespeitam e tombam em sacrilégios contra Moisés...* — contestou Tiago.

— *Mas Ele não veio destruir a Lei* — retrucou Pedro. — *Tem-na vivido e nos ensinado a respeitá-la, até mesmo quando injusta. Eu temo e confio, espero e amo.*

— *Ele não nos deu o sinal que desejávamos* — concluiu, amargo, Judas, ao vê-lO aproximar-se. — *O sinal que nos demonstrasse ser Ele o Messias. Vimos muitas coisas que outros profetas também fizeram, mas...*

O Mestre olhou-os, calmo, e eles se desnudaram.

– *O verdadeiro sinal do Céu* – esclareceu Jesus, sem reproche nem mágoa – *vem através daquele que, por amor, podendo tirar a vida e tomá-la quando lhe aprouver, dá-la-á em plenitude, em extremo gesto de renúncia, de abnegação e em soledade... com Deus.*

Um silêncio pesado de chumbo caiu entre os companheiros que se entreolharam, sofridos, com lágrimas repentinas de arrependimento a coroarem os olhos.

23

ISTO É LÁ CONTIGO

As colinas áridas, de calcário cinza, faziam a moldura além dos muros de uma cidade áspera e rígida em que a Natureza e os homens apresentavam-se com as mesmas características: dureza e desolação.

Aqui e longe, raros bosques de oliveiras e ciprestes audazes contrastando o verde-escuro em manchas de sombra agradável com o solo agreste, pedroso, onde, de raro em raro, a balsamina e os cardos medram.

Numa das baixadas, a nascente de Siloé, refrescante, alongada em corrente tranquila, é a fonte generosa e abençoada, representante da vida.

O Templo, erguido por Zorobabel após a anterior destruição, demonstrava o orgulho da raça, que padecia uma forma de rude e infeliz cativeiro nas hábeis garras da *águia romana*.

Em extremos opostos, os palácios de Herodes Antipas e de Caifás, ostentando luxo e exalando o bafio pestilencial das lutas político-religiosas, sob o olhar atento da Torre Antônia, nas cercanias da opulenta residência de Pilatos.

As ruelas calçadas e estreitas apertavam-se, como os corações temerosos que necessitam de apoio, onde são escassas a confiança e a amizade, a paz e a bondade.

A fé religiosa convertera-se, então, em recitativos exaustivos e monótonos com movimentos rítmicos da cabeça e do corpo, ocultando os sentimentos reais e disfarçando, pela aparência, a falta de uma atitude mental e emocional correta.

Os jogos dos interesses subalternos predominavam, dando asas à astúcia e à desonestidade que campeavam, em detrimento da honradez que já não existia.

As oferendas religiosas variavam de acordo com a intenção ou liberação do erro, de cuja responsabilidade se desejava eximir o crente, variando desde os pequenos holocaustos com aves e animais de maior porte ou de gemas preciosas e metais nobres trabalhados...

Supunha-se que o dinheiro a tudo comprava e vendiam-se compostura, fidelidade, afeição, vidas...

Não seria, pois, de estranhar, que Jesus nunca passasse uma noite na orgulhosa e estranha Jerusalém!

Quando ali se encontrava, no ministério da Mensagem, retirava-se de dentro dos seus muros e procurava, para o repouso, a casa gentil dos seus amigos de Betânia, Marta, Maria e Lázaro, ou se acolhia na parte externa, no Getsêmani, à sombra acolhedora das velhas oliveiras sob o zimbório da noite estrelada.

Naquela cidade, sofrida e impiedosa, onde os falcões vigiavam as pombas, e os lobos as ovelhas, para exterminá-las, sabia-o Ele, dar-se-ia o Seu luminoso testemunho, aquilo para o que viera.

Antes, era necessário semear o amor e a esperança, a harmonia e a coragem a fim de que o sangue do Seu holocausto sustentasse, por todo o sempre, as débeis vergônteas que despontassem nas plantas nascentes que o Seu amor faria germinar.

Jesus esperou e preparou-se para a Sua hora.

❈

As festas da Páscoa atraíam os fiéis que chegavam de toda parte.

Deveria ser nessa época...

As testemunhas levariam, por todos os lados, as notícias da morte e da vida.

O silêncio da paixão e a alvorada da ressurreição comporiam o livro da perene conquista da felicidade.

Cessados os encantamentos da entrada jubilosa, entre palmas e sorrisos transitórios, os ódios foram acirrados por profissionais do terror, que se misturavam às camadas mais infelizes da população e pelos intrigantes hábeis junto aos assustados governantes, cujos tronos e posições balouçavam sem cessar, aos ventos do poder enganoso, longe de qualquer segurança.

Inquieto e emulado por sentimentos desencontrados, fraco e atormentado na sua insegurança, onde tudo se comprava e vendia, Judas vendeu o Amigo...

O escândalo se daria, é certo; infeliz, porém, aquele que se tornasse o seu instrumento.

O dia morno fora substituído pela noite varrida por ventos frios.

No silêncio das sombras a escabrosidade da atitude conduzia à tragédia.

A dor maior para um amigo é a traição de outro amigo; a sua perseguição insana e contumaz; a antipatia que surge da inveja ou do despeito; a contínua zombaria decorrente da pertinaz animosidade que se agasalha.

Judas, que O conhecia, não O conhecia...

O amigo que agride, maltrata desconhece a bênção da amizade.

Aquelas eram circunstâncias cruéis, momentos aqueles inquietantes.

Em tais oportunidades revelam-se as criaturas, assumem os homens as suas reais posições.

Cada um é o que apresenta no instante grave, quando se destravam as represas íntimas que disfarçam comportamentos e dissimulam condições.

Pelos caminhos do crescimento espiritual sempre estarão os dípticos morais, surgindo e desaparecendo nas almas, modelando-as na fornalha da aflição e nos temperos da bondade.

Nenhuma anestesia que não passe, como emoção alguma que não cesse.

Observando a condenação do Amigo, Judas tombou no poço dos remorsos, a consciência despertou.

Pela tela da imaginação volveu ao passado. Desfilaram os momentos que se faziam eternos, quando a comunhão do amor penetrara-o.

Aturdiu-se mais e era tarde.

Volveu ao santuário onde consumara a traição e disse da sua dor, do seu arrependimento, desejando recuperar-se...

Os compradores frios zombaram.

As suas rogativas produziram diatribes de revolta.

— *Pequei* — disse entre lágrimas —, *traindo sangue inocente.*[12]

---

[12] Mateus, 27: 4 a 10 (nota da autora espiritual).

– *Que nos importa?* – redarguiram, impiedosos. – *Isto é lá contigo.*

Arrojadas as moedas ao solo, fugiu, prosseguindo no rumo da outra loucura, o suicídio!

Consumado o ato infame da traição, os sacerdotes, ávidos e inditosos pela ganância, tomaram das moedas do piso recolhidas e creram-nas indignas do tesouro do Templo, esquecidos de que o dinheiro é sempre neutro.

Compraram uma vida, aquelas moedas de prata que levaram ao suicídio outra vida.

Aplicaram-na, então, astuciosos, na aquisição do "Campo do Oleiro", que foi transformado em "Cemitério para Forasteiros".

A dureza do solo de Jerusalém, a cidade tida por sagrada, resultava, de algum modo, daqueles que a habitavam.

O coração é a terra do homem.

O pensamento é a semente.

A ação é o seu fruto.

Respira-se no clima que se fomenta no íntimo.

Jesus nunca dormira antes, dentro dos muros de Jerusalém!...

❀

...E hoje, na cidade santa para os Judeus, para os cristãos e para os muçulmanos, o comércio das quinquilharias confunde-se com os cânticos e preces recitados nas igrejas, nas mesquitas, nas sinagogas e no "Muro das lamentações", entre paixões de armas em punho e divididas pelos ritos das várias ortodoxias, onde, certamente, o amor não se encontra.

Jerusalém!...

24
AMANHECER DA
RESSURREIÇÃO

As horas transcorriam pesadas e lentas entre as sombras das saudades.

Não obstante fossem dias de luz, apagaram-se as claridades da esperança e os júbilos murcharam nos corações oprimidos pelas dores superlativas.

As sombras que mantinham os discípulos em amargura defluíam do remorso, da mágoa, da dor ante o espetáculo inesperado, que culminara na tragédia do Gólgota.

Vencidos aqueles momentos rudes, atordoantes, insinuaram-se-lhes e neles se agasalharam as angústias e os arrependimentos...

Subitamente perceberam imensa, a falta impreenchível que o Mestre lhes deixara nos sentimentos.

Assustados, na simplicidade de que eram portadores, homens de condição humilde deixaram-se ali ficar, alguns na residência da família Marcos, outros na Betânia e os demais em casas amigas, atemorizados.

Não saberiam dizer por que permaneceram em Jerusalém.

O ideal teria sido o retorno aos velhos sítios e às suas lembranças, aos lugares onde foram felizes com Ele.

Jerusalém era a cidade de todas as amarguras: da traição, do medo, das negativas; no entanto, um estranho *sortilégio* mantinha-os ali, como que aguardando não sabiam o quê.

O Mestre falara que volveria três dias depois de morto.

Eles criam, mas já não sabiam em que acreditar.

O medo é algoz impenitente, que oblitera a razão e anula a claridade mental.

O remorso é vérmina que vence cruelmente por dentro a consciência culpada e esses terríveis adversários maltratavam-nos sem trégua.

A paisagem de horror da tarde ensombrada, em que Ele fora sacrificado, não lhes saía da mente.

Macerado, em abandono pelos melhores amigos, Ele não se defendera, não se queixara e permanecera estoico até o fim.

Agora, que O recordavam, percebiam a dimensão da ingratidão de que deram mostras.

São lentas as horas da aflição e do arrependimento, quanto são rápidos os minutos da alegria.

A cidade se apresentava tensa.

As conversas eram rumores e as consciências eram cavernas onde se homiziaram a covardia e os receios injustificáveis.

Anás e Caifás, Pilatos e Herodes sentiam o ar pesado, após a consumação do crime organizado.

Jerusalém jamais olvidaria aqueles dias e dificilmente se recuperaria deles...

Na alva do primeiro dia da semana entrante, Maria de Magdala, Joana de Cusa e Maria de Cleófas resolveram levar bálsamo e óleos à Sua sepultura.[13]

Vieram do lado oposto ao Calvário.

Atravessaram o Jardim das Oliveiras, enquanto a face luminosa da manhã suavemente vencia a noite demorada, desceram o vale e galgaram a encosta dos muros da cidade velha e os contornaram até defrontarem o *Monte da Caveira*.

A visão do local do sacrifício chocou-as.

O vento frio da madrugada levantava-lhes os véus e desnastrava os cabelos...

Os corações perderam o ritmo, em face da dor e ante as expectativas do que ocorreria.

Temiam e ansiavam.

Experimentavam uma sensação especial e receavam, avançando, porém.

Prosseguindo firmes, contornando as muralhas altaneiras, chegaram ao sepulcro novo, que José de Arimateia oferecera para que Ele ali fosse inumado.

Ao adentrarem-se na antessala da caverna feita para as despedidas, viram um ser angélico que as informou da ocorrência.[14]

Na parte inferior da sepultura, estavam os panos que O cingiram e vazia a cova silenciosa.

Susto e angústia dominaram-nas naquele momento grave.

Maria de Magdala, saindo a chorar, interrogou o jardineiro que cuidava das rosas silvestres e do local:

---

[13] Embora divergindo das anotações dos Evangelistas, preferimos dar um sabor e dados especiais à narrativa. Vide em *Primícias do Reino*, de nossa Editora, o capítulo "A rediviva de Magdala".

[14] Mateus, 28:1 a 10; Marcos, 16:1 a 11; Lucas, 24:10 a 12 (nota da autora espiritual).

– *Para onde O levaram?*

Ele voltou-se. Todo em luz, tangível e vivo, o Mestre sorriu:

– *Rabboni! (Mestrezinho!)*

– *Maria! Ainda não fui a meu Pai. Avisa aos companheiros para que sigam à Galileia, onde os encontrarei.*

Toda a orquestração da felicidade modulava aos seus ouvidos a música dos júbilos, trazida de longínqua *esfera*.

As duas outras mulheres desceram na direção da cidade e cientificaram a Pedro e a João, que se apressaram em testemunhar o acontecido.

Ofegantes, chegaram ao túmulo e o defrontaram sem os guardas, a pedra de entrada rolada e a cobertura afastada.

Os panos ao abandono, e o lenço que Lhe cingira a cabeça estava dobrado cuidadosamente, parecendo manter as vibrações da Sua face... Olhos nos olhos, sorrisos em cânticos e a confirmação do triunfo após a morte, os dois discípulos exultaram com o peito túmido de emoções superlativas.

A ressurreição incontestável era o selo da Sua legitimidade, após as lutas que o túmulo não encerrara.

Ressurreição e vida numa sinonímia profunda.

As esperanças consolidaram-se.

O medo cedeu ao desejo do sacrifício.

Seu aparecimento, reiteradas vezes, arrancando os amigos das algemas humanas das próprias fraquezas, era o prólogo da realização de cada discípulo que, então, sairia em testemunho da verdade, fixando na memória dos séculos a grandeza do Mestre.

Sem temerem a morte, nem os suplícios, eles se multiplicariam pelo mundo como pólen bendito, reverdecendo a terra árida dos corações.

❋

Hoje, quando os rumores de calamidades se transformam em triste realidade, a evocação da vitória da vida sobre a morte e a mensagem da ressurreição faz-se vida, os discípulos do Evangelho restaurado tornam-se os mensageiros intimoratos da esperança, em nome da fé sem jaça.

❋

Almas do mundo em aturdimento!

Parai na faina alucinada, na correria desenfreada e escutai a voz do Mestre, repetindo as Bem-aventuranças!

No clímax de todos os conflitos ouvi-Lhe as promessas e parai a meditar.

Se, todavia, parecer-vos tarde demais para estancar o passo ou retroceder na marcha, confiai, porque mesmo morrendo, ressuscitareis para a vida eterna.

Já não há morte.

O Espírito libertou da carne a vida e sem a matéria prossegue sem cessar.

25

EM ATENAS, A INDIFERENÇA

O insigne apóstolo dos gentios anelava pela felicidade de pregar em Atenas.

Grego de nascimento, utilizando com destreza o idioma, antevia-se anunciando Jesus ao erudito auditório, certo do êxito, em face da lógica da mensagem e do seu conteúdo ímpar.

Testemunha da ressurreição do Mestre, desde o momento inolvidável das portas de Damasco, aprofundara reflexões sobre os ensinamentos plenos de estoicismo superior, donde retirava esplêndidas ilações filosóficas para uma perfeita integração no Espírito da vida, parecia-lhe fácil conquistar almas para o redil do Evangelho.

Atenas passara, no entanto, por inúmeras vicissitudes, não mantendo o mesmo esplendor cultural de tempos idos.

O orgulho de raça, a presunção histórica e as tradições conservadas do passado, mantinham o ateniense distante do sentimento religioso.

A mitologia, que ocultava a beleza dos pensamentos superiores, disfarçados na representação das inúmeras deidades, reservara ao deus desconhecido um altar sem ídolos, numa transcendente representação, em que o sentido esotérico superava a manifestação de quaisquer formas, por mais expressivas que fossem.

A deusa Ateneia, esculpida majestosamente por Fídias, vitoriosa na sua luta contra Poseidon, por haver oferecido um ramo de oliveira, simbolizando a paz para o povo, dominava, do seu santuário, esplendente, recoberta de ouro, com 12 metros de altura, a cidade em volta da Acrópole...

Embaixo, na Ágora, o lugar reservado para os discursos era disputado, por ali transitar o povo que acorria ao imenso mercado.

Naquele local, diversos filósofos haviam exposto os seus pensamentos, entre os quais Sócrates, com o seu nobre idealismo que irrigaria a alma do mundo e de que Platão fizera-se o legatário perfeito.

O Apóstolo de Jesus igualmente apresentou as suas luminosas ideias no tradicional mercado.[15]

Anteriormente, na sinagoga, admoestara os judeus que se permitiam a idolatria. Por isso, resolvera alcançar o fulcro do problema, abordando-o no recinto de costume reservado aos debates e ideias novas.

A palavra rutilante fluía-lhe dos lábios em catadupas formosas, atraindo a atenção.

Argumentos bem urdidos enfloresciam-lhe a boca em modulações harmônicas.

A inspiração superior dominava-o.

Olhar incendiado, expressão facial viril, corpo e alma num todo de beleza assinalavam a hora grandiosa do ministério.

---

[15] Atos dos Apóstolos, 17:16 a 34 (nota da autora espiritual).

Perturbados pela fluência do verbo nobre, os ouvintes convidaram-no ao Areópago, onde ele deveria defender os seus conceitos.

O Areópago encontrava-se no conjunto de colinas da Acrópole – parte alta da cidade – onde se realizavam os julgamentos públicos.

A mitologia grega afirma que o deus da guerra, Ares ou Minos foi ali julgado pelos demais deuses do Olimpo, por haver matado um filho de Poseidon.

Em razão disso, o Areópago passou a ser usado como Tribunal Supremo de Atenas.

Ali foi julgado Orestes, por haver assassinado sua mãe Clitenmestra, sendo absolvido pela deusa Atenas, que lhe concedeu a graça.

Também é chamado de *colina de Ares*.

Paulo considerou os comportamentos religiosos vigentes e, sensibilizado, sem qualquer receio, apresentou Jesus, o Filho do Deus Único, que ressuscitou dos mortos, demonstrando a indestrutibilidade da Vida espiritual.

Vivendo, psiquicamente, experiências com o Mestre, Estêvão e Abgail, que o amparavam, colocou toda a ênfase na problemática da imortalidade, sem a qual a vida perde todo e qualquer sentido, anunciando a bênção dos reencontros, a contínua esperança da felicidade.

O conceito produziu um impacto negativo inesperado.

Os epicureus, utilitaristas e gozadores, hábeis no sofisma, não o deixaram prosseguir, tais a mofa e os doestos de que se fizeram objeto.

– *Este traz* – disseram, jocosos, uns – *um deus estrangeiro, como se os deuses que temos nos não bastassem.*

– *E fala da ressurreição dos mortos* – gargalharam outros. – *Temos o que fazer, aproveitando a vida mortal...*

E afastaram-se, galhofeiros.

Nunca houve lugar para a verdade...

A sua presença violenta os interesses comezinhos, molesta, prejudica...

Lentamente, porém, ei-la que triunfa, superando condicionamentos e domínios.

Com o tempo, Constantino levaria para Bizâncio a deusa Ateneia que seria consumida pelo fogo e todo o ouro que a revestia foi extraviado por novos epicuristas.

Paulo foi tomado de grande angústia.

Sentiu-se frustrado, acreditando não haver possuído os recursos que convencessem a prosápia ateniense, como se se pudesse iluminar quem prefere a sombra.

Não obstante, Dionísio, o supremo juiz do Areópago e Dâmaris sensibilizaram-se.

Alguns outros, humildes ouvintes, tocaram-se com o seu verbo fluente.

Dionísio e Dâmaris iniciariam a modesta igreja que sobreviveria aos ídolos, embora os homens entronizassem, no futuro, novos e lamentáveis deuses...

A semente estava lançada.

Do Areópago não ficou, através dos tempos, pedra sobre pedra que não fosse derrubada.

Superando os acontecimentos que ali sucederam, a rápida e pujante presença do apóstolo Paulo permaneceria assinalando o antes e o depois.

Areópagos multiplicam-se pelo mundo, repletos de discutidores vãos, apresentando filosofias imediatistas que embriagam e matam.

Há flores no caminho

A lição de Jesus, o Insuperável Mestre da ação plena e da palavra justa, permanece por norma de vida, qual amanhecer sublime iluminando a confusa Atenas de todos os tempos.

Anotações

Anotações

Impressão e Acabamento

Bartiragráfica

(011) 4393-2911